를 위해

립니다.

일론 머스크의
위대한 결정
50가지

우리는 이미 그의 결정 안에서 살고 있었다

일론 머스크의 위대한 결정 50가지

최경수 지음

메이트북스

메이트북스 우리는 책이 독자를 위한 것임을 잊지 않는다.
우리는 독자의 꿈을 사랑하고,
그 꿈이 실현될 수 있는 도구를 세상에 내놓는다.

일론 머스크의 위대한 결정 50가지

초판 1쇄 발행 2026년 3월 5일 | **지은이** 최경수
펴낸곳 (주)원앤원콘텐츠그룹 | **펴낸이** 강현규·정영훈
등록번호 제301-2006-001호 | **등록일자** 2013년 5월 24일
주소 04607 서울시 중구 다산로 139 랜더스빌딩 5층 | **전화** (02)2234-7117
팩스 (02)2234-1086 | **홈페이지** matebooks.co.kr | **이메일** khg0109@hanmail.net
값 17,500원 | **ISBN** 979-11-6002-456-2 03300

일론 머스크는 실패 가능성을 줄이려 하지 않는다.
대신 실패가 발생해도 멈추지 않게 시스템을 만든다.

• 월터 아이작슨(전기작가,『일론 머스크』 저자) •

우리는 머스크의 결정 안에서 이미 살고 있었다!

2008년 12월 24일 크리스마스이브, 은행 계좌에 남은 돈을 머스크는 정확히 알고 있었다. 스페이스X와 테슬라, 두 회사에 나눠주고 나면 개인적으로 남는 건 거의 없었다. 둘 중 하나만 살릴 수도 있었다. 하나는 이미 발사에 성공한 우주 회사, 다른 하나는 생산 지옥에 빠진 전기차 회사.

주변에서는 대부분 "하나는 접어야 한다"고 말했다. 은행도, 투자자도, 친구도 같은 말을 했다. 하지만 그는 계산을 다시 하지 않았다. 이미 계산은 끝나 있었기 때문이다. "둘 다 실패하면 어차피 끝이다. 하나만 살리면, 평생 그 선택을 후회할 것이다"

그날 밤 그는 둘 다 살리기로 결정한다. 이성적인 선택은 아니었다. 확률로 보면 둘 다 망할 가능성이 더 컸다. 결정을 마친 그는 남은 자금을 정확히 반으로 나눴다. 테슬라에, 그리고 스페이스X에.

이렇듯 일론 머스크는 늘 결정을 먼저 했다. 그리고 그 결정은 거의 언제나 의심받았다. "너무 이르다, 너무 크다, 너무 위험하다. 현실을 모른다, 숫자를 무시한다, 쇼에 가깝다" 그의 이름 뒤에는 늘 이런 말들이 따라붙었다.

그런데도 그는 멈추지 않았다. 설득하려 들지도 않았다. 다만 다음 결정을 밀어붙였다.

우주 발사를 민간이 한다는 말이 나왔을 때, 사람들은 웃었다. 전기차로 자동차 산업을 바꾸겠다고 했을 때, 시장은 무시했다. 지구 전체에 위성 인터넷을 깔겠다고 했을 때,

“과장”이라 불렀다. 로봇이 인간 노동을 대체할 거라 말했을 때, “아직 이르다”고 선을 그었다.

그가 틀렸다고 말하는 쪽은 언제나 많았다. 그가 맞았다고 인정하는 쪽은 늘 나중에 나타났다.

머스크의 특이함은 결과에 있지 않다. 그는 성공해서 특별해진 사람이 아니다. 결정하는 방식 자체가 남들과 달랐다.

대부분의 사람은 충분히 검토한 뒤 결정하려 하지만, 머스크는 결정한 뒤 검토를 시작한다. 그는 정보가 충분해질 때까지 기다리지 않는다. 오히려 ‘아직 불완전할 때’를 결정의 적기로 본다. 불확실성을 줄이려 결정을 미루는 대신, 불확실성이 커질수록 판이 커진다고 계산한다. 그래서 그의 선택은 늘 성급해 보인다.

그는 실패를 피하려 하지 않는다. 대신 실패를 해도 방향이 바뀌지 않게 배치한다. 성공 확률이 낮은 선택을 하되, 한 번 들어가면 빠져나오지 못하게 만든다. 재사용 로켓도, 자율주행도, 스타링크도, 로봇도 그랬다. 그래서 그의 결정은 ‘신중하지 않다’라기보다 ‘되돌릴 수 없다’에 가깝다.

그리고 그는 문제를 줄이는 대신 키운다. 로켓 비용이 비싸면 '조금 더 싸게'가 아니라 '비용 구조를 통째로 바꾸는 방식'을 택한다. 통신이 안 되면 기지국을 늘리는 대신 '지구 전체를 덮는 위성망'을 만든다. 그는 최적화가 아니라 재정의를 선택한다. 그때마다 그는 욕을 먹고, 시간이 지나면 결국 표준이 된다.

머스크의 결정들은 하나하나 보면 불완전했고, 종종 틀렸으며, 많은 경우 논란을 불렀다. 하지만 그 결정들이 연결되면서 하나의 흐름이 만들어졌다. 속도가 빨라지고, 선택지는 줄어들었고, 판의 크기는 커졌다. 이 책은 그 흐름을 결과가 아니라 결정의 순간으로 되돌아가 살펴본다. 우리가 지금 살고 있는 세계가 만들어지기 직전, 그가 어떤 계산을 했는지를 따라간다.

이 책은 "머스크처럼 하라"고 말하지 않는다. 대부분의 사람에게 그의 선택은 그대로 따라 할 수 없다. 위험이 너무 크고, 판이 다르다.

다만 그의 결정은 우리가 서 있는 세계의 다음 구조를 가장 먼저 드러낸다. 전기차, 민간 우주, 위성 인터넷, 로보택시, AI 연산, 로봇 노동. 아직 완성되지 않았지만, 이미 방향은 정해진 것들이다. 그의 결정을 따라간다는 건 용기를 흉내 내는 일이 아니라, 시대가 어디로 밀리고 있는지를 읽는 훈련에 가깝다.

이 책은 머스크를 찬양하지 않는다. 그의 모든 결정을 정답으로 만들지도 않는다. 각 칼럼은 그가 무엇을 선택했는지, 당시 왜 무모해 보였는지, 그 선택이 어떤 구조를 고정시켰는지까지만 다룬다. "그래서 우리는 이렇게 해야 한다"는 문장을 남기지 않는다. 연결은 독자에게 맡긴다.

일론 머스크는 늘 결정했고, 의심받았고, 기어이 판을 다음 단계로 옮겼다. 머스크의 결정은 늘 미친 선택처럼 보였다. 하지만 시간이 지나면, 우리는 그 선택 안에서 이미 살고 있었다는 걸 뒤늦게 깨닫게 된다.

최경수

차례

속도를 선택해 먼저 뛰어들다(1995-2001)

퇴로를 아예 지운 채 올인하다(2002-2008)

가능성이 아닌 작동으로 증명하다(2009 - 2016)

외부에 맡기지 않고 직접 통제하다(2017 – 2022)

잘되는 판을 버리고 갈아타다(2023 - 2026)

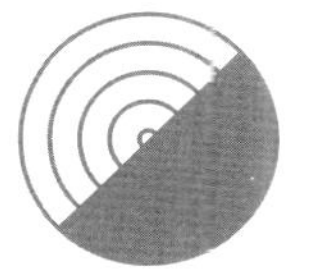

이 시기의 머스크는 아직 위대하지도, 성공하지도 않았다. 다만 그는 느린 안전보다 빠른 결론을 고르는 법을 먼저 배웠다. 학교, 첫 회사, 금융, 합병 — 선택지는 늘 안전한 쪽에 있었지만, 그는 하나씩 그 퇴로를 지웠다. 머스크에게 중요한 건 '맞는 결정'이 아니라 얼마나 빨리 틀렸는지를 확인할 수 있느냐였다. 그래서 그는 완성을 기다리지 않았고, 구조가 굳기 전에 방향을 꺾었다. 이 시기의 결정들은 모두 작은 판처럼 보이지만, 계산은 하나였다. 속도가 느려질수록 위험해진다는 판단이다. 1장은 머스크가 세상을 바꾸기 전에, 먼저 자기 인생의 시간표를 부숴버린 결정의 순간들을 따라간다.

속도를 선택해 먼저 뛰어들다 (1995 - 2001)

1 스탠퍼드 박사과정을 이틀 만에 포기하다

1995년 9월 스탠퍼드 박사과정은 실리콘밸리에서 가장 안전한 시간표였다. 연구실은 '언젠가'의 결과를 전제로 움직였다. 실험을 설계하고, 데이터를 쌓고, 논문 심사를 기다리는 동안 인생은 진행 중으로 남는다. 실패해도 '연구가 길어졌다'는 문장으로 정리될 수 있었다.

일론 머스크는 그 레일에 올라탄 지 이틀 만에 내려왔다. 배정받은 책상, 오리엔테이션 일정, 첫 면담 준비. 주변은 "이제 시작"이라는 표정이었다.

그에게도 계획은 있었다. 펜실베이니아대에서 물리학과 경제학을 마친 뒤, 스탠퍼드에서 에너지 저장 기술을 연구

할 생각이었다. 배터리와 커패시터는 유망했고, 학계의 호흡은 견고했다. 하지만 문제는 그 호흡이 너무 길다는 점이었다. 연구는 몇 달이 아니라 몇 년으로 움직였고, 보통 10년 단위로 판정이 났다.

캠퍼스 밖은 캠퍼스 안과는 완전히 다른 속도로 흔들리고 있었다. 1995년 여름 넷스케이프 상장 이후, 인터넷은 아직 "돈이 된다"는 확신을 얻지 못했지만, 이미 '시간을 바꾸는 기술'이 되어가고 있었다. 사람들은 전화로 묻던 것을 화면에서 찾기 시작했고, 종이로 돌던 정보가 네트워크로 옮겨가기 시작했다. 표준은 주 단위로 바뀌고, 제품은 월 단위로 갈아엎어졌다.

당시 머스크가 느낀 위협은 실패가 아니라 타이밍이었다. 연구실은 완벽한 증명을 요구하지만 시장은 즉각적인 작동을 요구한다. 논문은 심사를 기다리지만, 제품은 사용자를 기다리지 않는다.

그는 머릿속에서 비교표를 만들었다. 박사과정이 주는 건 몇 년 뒤의 결과지만, 인터넷 산업은 몇 달 안에 결론이 난다. 틀리면 빨리 틀리는 편이 낫다. 늦게 틀리면, 맞아도 늦는다.

박사과정을 시작한 지 둘째 날, 그는 계산을 끝냈다. "여기서 2년을 보내면, 바깥은 2년 앞서 간다" 안전은 위험이 없는 상태가 아니라 결론이 늦게 오는 상태일 수 있다는 생각이 그 순간 굳어졌다.

결국 그는 지도교수를 찾아갔다. 지도교수는 잠시 침묵하다가 말했다. "다시 학교로 돌아오기 어려울 겁니다" 머스크는 멈춰 서서 짧게 답했다. "그래서 지금 학교를 나가야 한다고 생각했습니다"

돌아갈 길을 남겨두면, 실패했을 때 그 길로 돌아갈 확률이 커진다. 퇴로는 안전장치이기도 하지만, 속도를 낮추는 장치이기도 하다. 그는 그 확률이 싫었다. 안정적인 레일 위에서 빠르게 움직일 수는 없다고 봤다. 그래서 스탠퍼드는 나중에 돌아올 수도 있는 옵션이 아니라 지금 잘라내야 하는 지연 비용이 되었다.

불과 이틀 만에 박사과정을 자퇴한 건 충동처럼 보이지만, 방식은 역시나 머스크답다. 더 많은 정보를 모아 결정을 늦추는 대신, 결정을 먼저 내려 시간을 확보한다. 그리고 확보한 시간으로 현실에서 확인한다. 그는 연구 주제를 포기 한 게 아니라 자신이 따를 시간의 기준을 바꿨을 뿐이다. 학계의 호흡 대신 시장의 호흡으로, '완성된 결론' 대신 '빠른 판정'으로.

★ 머스크의 이 결정 이후 — 1990년대 후반 실리콘밸리에서는 '완성 후 진입'보다 '진입 후 수정'이 더 빠른 표준으로 자리 잡았고, 박사·연구 레일에 있던 일부 인재가 인터넷 창업 전선으로 이동하는 흐름이 한층 뚜렷해졌다. 스탠퍼드 자퇴는 '무모한 일화'가 아니라, 안전을 '지연 비용'으로 읽는 관점이 실지 선택을 바꾸기 시작한 사례로 회자되었다.

2 인터넷이 더 빠른 세계라고 확신해 Zip2를 시작하다

1995년 가을 머스크가 스탠퍼드를 나온 직후 가장 분명하게 느낀 건 기술이 아니라 시간의 차이였다. 연구실과 대기업은 여전히 연 단위로 움직였지만, 인터넷 주변에서는 주 단위로 규칙이 바뀌고 있었다. '무엇이 옳은가'보다 '어디가 더 빨리 변하는가'가 더 중요해보였다.

학교를 나와 그가 처음 붙든 문제는 거창한 미래 기술이 아니었다. 도시의 일상적인 정보였다. 어느 식당이 어디에 있고, 어떤 상점이 어떤 서비스를 하는지. 이런 정보는 이미 존재했지만 종이 위에 흩어져 있었다. 전화번호부와 신문 광고면이 지역 정보의 저장소이자 유통 경로였다. 머스크는 여기서 기술이 아니라 권력의 위치를 봤다. 정보는 종이에 붙어 있는 게 아니라 종이를 빌려 다니고 있을 뿐이라고 판단했다.

인터넷은 아직 느렸고 불편했지만, 한 가지는 분명했다. 한 번 화면으로 옮겨진 정보는 다시 종이로 돌아가지 않는다. 그는 이 이동이 '가능한가'를 묻지 않았다. '언제 완전히 끝나느냐'를 계산했다.

동생 킴벌과 함께 시작한 Zip2는 지도와 지역 상점 정보를 웹으로 제공하는 소프트웨어였다. 지금 기준으로는 평범하지만, 당시에는 회의적인 질문이 먼저 따라붙었다. "전화번호부로 충분하지 않나?" "인터넷으로 찾는 사람이 있을까?" 머스크는 이런 질문을 검토 대상이 아니라 시간 낭비로 봤다.

신문사들을 찾아다니며 그는 기술 설명보다 전제를 먼저 꺼냈다. "당신들이 파는 건 종이가 아니라 정보입니다" 그리고 덧붙였다. "정보는 곧 화면으로 이동합니다"

설득은 길지 않았다. 시장조사나 수치를 들이밀기보다, 방향을 먼저 고정했다. 상대가 동의하지 않아도 상관없었다. 늦게 움직이는 쪽이 비용을 더 내게 되어 있었기 때문이다. 머스크에게 Zip2의 영업은 거래가 아니라 순서 싸움이었다.

제품은 완성도가 낮았다. 지도는 투박했고, 데이터는 종종 비었으며, 연결도 불안정했다. 하지만 그는 완성도를 기다리지 않았다. 인터넷에서는 완성된 제품보다 작동하는 제품이 먼저 자리를 차지한다는 걸 알고 있었기 때문이다. 출시하고 오류가 나오면 고치고, 다시 내놓았다. 이 반복 속도가 곧 경쟁력이었다.

생활 방식도 같은 논리였다. 둘은 사무실 바닥에서 잠을 잤고, 샤워는 YMCA에서 해결했다. 흔히 고생담으로 소비되지만, 그 선택의 이유는 단순했다. 집을 구하면 비용보다 시간이 찢긴다. 출퇴근, 생활 정비, 인간적인 여유가 속도를 갉아먹는다. 그는 편안함을 포기한 게 아니라 전환 비용을 제거한 것이다.

신문사들은 쉽게 움직이지 않았다. 내부적으로는 디지털 전환을 두려워하면서도, 외부적으로는 "인터넷은 유행"일 뿐이라는 말을 반복했다. 버리기엔 너무 오래 잘 굴러온 모델이었고, 바꾸기엔 기득권이 무거웠다. 머스크가 부딪힌 벽은 기술이 아니라 조직의 관성이었다.

그래서 Zip2가 제공한 건 지도 소프트웨어가 아니라 하나의 증거였다. 지역 정보가 웹으로 이동할 수 있고, 그 과정에서 기존 유통 권력이 흔들릴 수 있다는 사실. Zip2는 거대한 플랫폼이 되지 않았지만, 이동이 가능하다는 걸 증명했다.

머스크에게 이 경험은 첫 확신이 된다. 기술이 대단해서 산업이 바뀌는 게 아니라 유통 구조가 바뀌면 산업은 따라온다는 확신이었다. 그리고 인터넷처럼 빠른 세계에서는 완벽함보다 속도가 먼저 자리를 차지한다는 감각도 함께 굳어졌다.

★ 머스크의 이 결정 이후 — 1990년대 후반 지역 정보와 광고는 신문과 전화번호부에서 웹 디렉터리와 검색으로 빠르게 이동했다. Zip2는 신문사들이 온라인 전환에 비용을 지불하게 만든 초기 사례 중 하나가 되었다.

3 첫 회사를 '완성'이 아니라 '빠른 종료'로 끝내다

1998년 말 Zip2는 "망하지는 않겠다"는 단계에 들어가 있었다. 신문사들과 계약이 조금씩 늘었고, 웹으로 지역 정보를 옮기는 흐름도 더는 농담처럼 취급되지 않았다. 하지만 머스크가 보고 있던 건 성장이 아니었다. 시간표였다. 인터넷은 속도를 올리고 있었고, Zip2가 하는 일은 점점 '필요해지지만, 오래 붙잡을 일은 아닌' 종류로 바뀌고 있었다. 지역 정보의 디지털화는 시작이었고, 그 다음 병목은 더 큰 돈, 즉 금융이었다.

이때 선택지는 두 개였다. 첫째, Zip2를 더 키워 '완성된 회사'로 만든다. 조직을 키우고, 신문사 의존도를 낮추고,

제품을 다듬고, 상장까지 간다. 둘째, Zip2를 빨리 끝낸다. '끝낸다'는 건 실패가 아니라, 자산과 시간을 현금으로 바꿔 다음 판으로 옮기는 종료다. 실리콘밸리의 상식은 첫째를 '정답'으로 불렀다. 창업자는 회사를 사랑해야 하고, 끝까지 끌고 가야 한다고. 하지만, 머스크는 회사를 목표로 삼지 않았다. 회사를 도구로 봤다.

그가 Zip2를 끌고 가며 부딪힌 벽은 기술보다 구조였다. 가장 큰 고객이자 장애물인 신문사들은, 계약을 해도 항상 "우리가 주도권을 쥔다"는 방식으로 굴었다. 온라인으로 넘어가는 흐름을 받아들이면서도, 핵심 데이터와 광고 매출의 결정권은 놓지 않으려 했다.

Zip2는 그들의 '디지털 부속품'이 될 위험이 있었다. 회사가 커질수록 신문사라는 거대한 고객에게 더 깊이 매달리게 된다. 매출은 늘어도 방향이 느려지고, 제품은 '모든 고객을 만족시키는' 절충으로 두꺼워진다. 머스크는 여기서 속도 손실을 계산하기 시작했다.

당시 내부에서 그가 반복하던 말은 단순했다. "우리가 만드는 건 회사가 아니라 다음 시스템입니다"

Zip2가 '지역 정보의 웹 전환'을 증명한 순간, 더 붙잡을 이유가 줄어들었다. 증명 이후에 남는 일은 운영이었다. 하지만 머스크는 그 성실함이 곧 지연이 된다고 봤다. 특히 첫 회사는 늘 '운영의 늪'을 만든다. 잘 굴러가기 시작하는 순간, 창업자는 매일의 문제를 해결하느라 다음 판을 볼 여유를 잃는다. 그는 그 상황을 싫어했다. 아니, 두려워했다. 실패보다 늦어지는 게 더 위험하다고 믿었으니까.

1999년 초, 컴팩(Compaq)이 Zip2를 인수한다. 외부에서 보면 해피엔딩이다. 창업자는 엑싯했고, 회사는 대기업 품으로 들어가 안정적인 확장을 택했으니 말이다. 하지만 머스크의 관점에서 이 매각은 '첫 성공'이 아니라 '첫 이동'이었다. 그는 사람들에게 이렇게 말했다고 전해진다. "이건 끝이 아니라 시작이에요. 이제 더 큰 병목으로 갑니다"

여기서 '병목'은 단어 선택부터가 머스크답다. 꿈이나 비전이 아니라 아직 분해되지 않은 느린 구간. 그는 인터넷이 정보만 바꾸는 게 아니라 결국 돈의 속도까지 바꿀 거라고 봤다. Zip2는 정보의 속도를 확인한 실험이었다면, 다음은 금융의 속도를 겨냥해야 했다.

매각은 또 다른 효과를 만든다. 회사가 커지면서 생길 조직의 관성, '우리가 쌓아온 방식'이라는 자부심, 관리 비용. 그 모든 것이 생기기 전에 판을 접어버리면, 그는 다음 판에서 더 가볍게 뛸 수 있다.

많은 창업자들은 첫 회사를 키우며 정체성을 만든다. 하지만 머스크는 정체성을 회사에 걸지 않았다. 그는 "나는 이 회사의 CEO다"보다 "나는 다음 시스템을 만든다"에 더 가까웠다. 그래서 종료가 가능했다. 애정이 없어서가 아니라 애정이 속도를 늦추는 순간 과감히 끊는 쪽을 택했다.

그에게는 돈이 커지는 속도보다, 그 돈이 다음 판을 열어주는 속도가 더 중요했다. Zip2를 키우는 시간 3년은, 머스크에게는 X.com을 시작하지 못하는 3년이었다. 그는 '더 많이'보다 '더 빨리'를 고르는 사람이었다.

★ 머스크의 이 결정 이후 — 1999년 이후 실리콘밸리에서는 '상장만이 성공'이라는 공식이 약해지고, 인수·합병을 통해 시간을 당겨 쓰는 창업자들이 늘었다. Zip2의 매각은 머스크에게 현금을 준 사건이 아니라, 다음 해 X.com을 세우며 금융으로 뛰어들 수 있게 만든 이동 수단이 되었다.

4 은행을 바꿀 수 있다고 믿고 X.com을 세우다

1999년 3월 닷컴 버블이 정점으로 치닫던 실리콘밸리에서도 '건드리면 안 되는 영역'은 따로 있었다. 포털과 커머스는 매일 새로운 주가 기록을 쓰고 있었지만, 돈은 여전히 창구에서만 움직였다. 오전이면 번호표를 쥔 사람들이 줄을 섰고, 종이 통장에는 도장이 찍혔다. 송금이 이틀씩 걸리는 느림은 불편이 아니라 "그만큼 안전하다"는 신호로 받아들여졌다.

Zip2를 매각하고 나온 머스크 앞에는 가장 쉬운 길도 있었다. 엑싯한 창업자들이 흔히 택하는 경로였다. 투자자로 돌아서거나, 다음 회사를 조금 더 안정적으로 준비하는 선택. 하지만 그는 돈을 결과로 보지 않았다. 다음 실험을 당겨 쓰는 연료로 봤다. 그리고 그 연료를 어디에 태울지를 고민하던 순간, 가장 느린 산업이 눈에 들어왔다. 은행이었다.

그가 본 건 은행의 크기가 아니라 은행의 속도였다. 정보는 이미 화면에서 이동하고, 뉴스는 실시간으로 퍼지고, 주식 호가는 초 단위로 바뀌는데, 정작 사람 사이에서 돈을 보내는 일은 여전히 종이와 창구에 붙어 있었다. 그는 그 느림이 기술 부족이 아니라 구조의 선택이라고 봤다. 느리면 책임이 분산된다. 확인 절차가 많으면 사고가 나도 "절차를 지켰다"는 말이 나온다. 느림은 안전장치이기도 했지만, 동시에 혁신을 못 하게 만드는 방패였다.

머스크는 주변에 이렇게 말했다고 전해진다. "왜 돈만 예외죠?" 누군가 "규제 때문입니다. 은행은 은행입니다"라고 답하면, 그는 곧장 다시 물었다. "규제는 이유가 아니라 조건입니다. 조건 위에서 설계하면 됩니다"

그는 은행을 운영하는 대신, 은행을 분해하려 했다. 화이트보드에 남긴 단어는 몇 개뿐이었다. 계좌, 인증, 송금. 그 외의 것은 관행이었고, 비용이었고, 무엇보다 시간을 늦추는 장치였다. 대면 확인과 서류는 고객을 보호하기도 하지만, 동시에 시스템의 책임을 사람에게 떠넘기는 장치이기도 했다. 사고가 나면 "직원이 확인했다"로 끝난다. 머스크는 그 구조가 싫었다. 그는 신뢰가 '시스템이 얼마나 정확하게 처리하느냐'에서 나온다고 계산했다.

1999년 당시의 공기에서 온라인 전용 은행을 만든다는 말은 무모하게 들릴 수밖에 없었다. '은행 면허'라는 단어가 날아왔고, '보안 사고'라는 단어가 뒤따랐다. 사람들은 기술을 묻지 않고 책임을 물었다. 그때 머스크의 반응은 도발이라기보다 숫자에 가까웠다. "실패 확률이 높은 건 압니다. 그래서 더 단순하게 갑니다"

그가 단순화를 말할 때, 그건 서비스 UX의 문제가 아니라 리스크 통제의 방식이었다. 기능이 많을수록 예외가 늘고, 예외가 늘수록 사고가 난다. 사고가 나면 규제와 언론이 들이닥치고, 그 순간 속도는 더 늦어진다. 그러니 처음엔 '은행의 모든 것'이 아니라 가장 자주 일어나는 돈의 이동, 송금과 결제 같은 좁은 이동에서 시작해 시스템을 증명하겠다는 계산이었다.

이 결정이 충동처럼 보이는 이유는, 머스크가 굳이 가장 두꺼운 벽을 골랐기 때문이다. 보통은 사용자 정보, 광고, 커머스처럼 규제가 약한 곳에서 돈을 번 뒤 금융으로 들어간다. 하지만 그는 반대로 했다. 가장 느리고 보수적인 곳을 먼저 치면, 한 번 뚫었을 때 격차가 오래 유지된다고 봤다.

X.com의 출발은 "은행이 되겠다"는 선언이면서 동시에 "은행을 소프트웨어로 다시 짜겠다"는 선언이었다. 그리고 그 선언에는 한 줄의 강박이 붙어 있었다. "돈도 정보처럼 이동해야 한다" 느린 산업을 빠르게 만들면 그 산업의 권력이 이동한다는 계산, 그것이 X.com을 세운 이유였다.

★ 머스크의 이 결정 이후 — 1999~2000년 사이 미국에서는 온라인 결제·송금 스타트업이 폭증했고, "은행 기능을 소프트웨어 층으로 분리할 수 있다"는 논쟁이 업계 안쪽에서 현실 의제로 올라왔다. 동시에 카드 네트워크·은행권도 인터넷 뱅킹·전자송금 고도화를 서두르며 '느림=신뢰'라는 설명이 점점 설득력을 잃기 시작했다.

5 온라인 종합은행의 꿈을 접고 '송금' 하나로 좁히다

X.com의 출발점은 단순한 송금 서비스가 아니었다. 머스크가 말한 "은행을 바꾼다"는 표현은 수사가 아니었다. 예금, 대출, 카드, 청구서 결제까지 — 은행 지점과 종이가 차지하던 기능을 통째로 화면으로 옮기는 그림이었다. 그런데 금융은 '기술'보다 '승인'의 산업이었다. 속도를 올리면 규정과 허가, 사고 대응의 벽이 같이 높아졌다. 사용자는 빨리 늘어도, 제도는 그만큼 빨리 움직이지 않는다.

2000년 초 X.com 내부에서 한 가지 숫자가 반복해서 튀어나왔다. 사람들이 '온라인 은행'이라는 큰 개념에 반응하는 게 아니었다. 돈을 보내는 행위에 반응했다. 그것도 계좌를 옮기는 복잡한 절차가 아니라, 이메일 주소만 알면 바로 보낼 수 있는 방식. 고객은 금리를 보고 들어오지 않았다. 친구에게 돈을 보내다가 들어왔다. '은행 전환'은 결심이 필요하지만, '송금'은 습관이 된다.

머스크는 여기서 방향을 꺾는다. 더 멋진 기능을 추가하는 쪽이 아니라, 더 많은 기능을 덜어내는 쪽으로. 그는 회의에서 이런 식으로 말했다고 전해진다. "사람들은 은행을 바꾸려 하지 않습니다. 하지만 돈을 보내는 방식은 바꿉니다"

맞는지 토론하지 않았다. 이미 사용자가 클릭으로 답을 하고 있었다.

겉보기에는 축소였다. "꿈을 접었다"는 말이 붙기 딱 좋았다. 하지만 회사 입장에서는 오히려 정반대였다. 정체성이 바뀌는 결정이었다. 온라인 은행이 되려면 규제·리스크 관리가 제품을 끌고 간다. 송금이 중심이 되면 제품이 속도를 끌고 간다. 은행은 느릴수록 안전해 보일 수 있지만, 송금은 느릴수록 쓸 이유가 없다. 사람은 지점은 안 바꿔도, 습관은 바꾼다. 머스크는 그 차이를 봤다.

그는 기능을 더하는 대신 지웠다. '종합 금융'이라는 말은 투자자에게는 매력적일 수 있지만, 사용자에게는 바이럴을 만들지 않는다. 사람들이 자발적으로 퍼뜨리는 행동은 하나였다. "내가 너한테 돈 보냈어" 이 문장이 퍼질수록 사용자는 늘고, 사용자가 늘수록 네트워크 효과가 붙는다.

닷컴 버블이 꺼지기 시작하던 시점(2000년 봄~여름)이라는 점도 머스크의 계산에 들어갔다. 시장이 식는 순간, 큰 비전은 비용으로 보이기 시작한다. "우리는 언젠가 종합은행이 된다"는 말은 설명을 요구한다. 설명이 길어지면 제품이 느려진다. 반면 송금은 설명이 필요 없다. 써보면 안다. 그는 붕괴의 공기 속에서, 말의 부피를 줄이고 사용의 빈도를 늘리는 쪽으로 핸들을 꺾었다.

당연히 내부 갈등이 생겼다. "은행이 목표였는데 결제로 좁히냐"는 말이 나왔고, 반대로 "결제를 잡아야 은행도 된다"는 주장도 나왔다. 머스크는 여기서 정답을 찾지 않는다. 그는 이 논쟁 자체가 시간을 잡아먹는다고 봤다. 대신 출시 속도를 올리고, 가입 경로를 단순화하고, 추천을 강화하는 방식으로 승부를 본다. 사람을 설득하는 회의 대신, 사용자가 답을 내리는 배포로 결론을 내겠다는 방식이다.

송금에 집중한다는 건 단지 기능 하나를 남기는 게 아니었다. 회사의 언어도 바뀌었다. '은행'이라는 단어는 멀어지고, '결제'와 '송금'이 가까워졌다. 사람들의 기억도 바뀐다. 기억되는 단어가 생긴다. 페이팔이 된 뒤에도 남는 건 '온라인 은행'이 아니라 '사람 사이 돈 보내기'였다. 머스크는 그 기억의 크기를 알고 있었다. 제품이 살아남는 방식은 대개 기술의 우아함이 아니라 한 문장으로 설명되는 행동이기 때문이다.

그는 결국 은행을 버린 게 아니라, 은행으로 가는 길에서 가장 빠른 도로를 택한 셈이었다. 다만 그 도로의 표지판은 '대출'도 '예금'도 아니고, '송금'이었다.

★ 머스크의 이 결정 이후 — X.com/PayPal 계열 서비스는 '온라인 은행'이 아니라 '사람 사이 돈 보내기'로 성장 궤도를 고정했고, 개인 간 송금은 인터넷 서비스의 기본 기능으로 빠르게 편입되기 시작했다. 버블 붕괴 이후 투자 환경이 냉각되면서 '큰 비전'보다 '바이럴이 걸리는 단일 행동'에 집중하는 전략이 핀테크 업계에서 훨씬 강한 생존 규칙으로 작동했다.

6 합병 뒤 CEO 자리를 잃고도 소송 대신 대주주로 남다

2000년 여름 X.com과 컨피니티의 합병은 겉으로 보기엔 이상적인 결합이었다. 하지만 내부에서 먼저 충돌한 것은 제품이 아니라 통제 방식이었다. 기술 선택, 보안 사고 대응, 리스크를 감당하는 방식. 금융에서 이 문제는 곧 책임 구조였다. 누가 결정하고, 누가 책임을 지며, 사고가 나면 누가 사과하느냐. 회사가 커질수록 이 질문은 더 무거워졌다.

합병 이후 회사는 빠르게 커졌고, 사용자 수는 폭발했다. 동시에 불안도 커졌다. 결정은 느려지고, 회의는 길어졌다. 성장의 속도가 클수록, 작은 결함 하나가 대형 사고로 번질 수 있다는 공포가 조직을 잠식했다. 그 틈에서 정치가 자랐다. '맞는 선택'보다 '덜 위험해 보이는 선택'이 힘을 얻기 시작했다.

2000년 9월 머스크가 신혼여행으로 자리를 비운 사이 이사회는 움직였다. 회의는 짧았고, 결과는 단순했다. CEO 교체. 그는 공항에 착륙한 뒤에야 직함을 잃었다는 사실을 알게 된다. 창업자에게는 모욕처럼 느껴질 만한 장면이었지만, 머스크는 여기서 감정으로만 움직이지 않았다. 그는 곧장 두 장의 계산서를 펼쳤다. 하나는 '싸웠을 때의 비용', 다른 하나는 '남았을 때의 기대값'이었다.

싸우는 방법은 많았다. 소송, 여론전, 내부 복귀 시도. 명분도 만들 수 있다. '부당한 축출'이라는 서사는 시장이 좋아하는 이야기다. 하지만 금융 서비스에서 내부 분열은 즉시 '불안정'으로 번역된다. 사용자는 돈을 맡기고, 투자자는 신뢰를 산다. 내부 싸움이 커지는 순간, 제품보다 소문이 먼저 회사를 먹는다. 회사 가치가 먼저 깎인다. 지분 가치도 같이 깎인다.

머스크는 계산을 끝낸 뒤 싸우지 않기로 한다. CEO 자리는 내려놓되, 지분은 붙잡기로 결정했다. 운전대에서는 내려왔지만, 목적지에서 내리지 않겠다는 선택이었다. 그는 자존심을 걸지 않았다. 지분을 걸었다. '복귀'가 목표가 아니라 '다음 판의 연료'가 목표였다.

그 선택은 바깥에서 오해를 불렀다. "밀려났다" "패배했다" 하지만 머스크에게는 패배가 아니라 역할 변경이었다. 운영자가 되면 정치의 속도에 휘말린다. 주주가 되면 성장의 속도에 편승한다. 그는 자신이 통제할 수 없는 싸움에 시간을 쓰는 대신, 통제할 수 있는 숫자에 매달리는 편을 택했다. 회사가 커질수록 자신도 커진다. 회사가 흔들리면 자신도 흔들린다. 그러니 회사를 흔들게 만드는 행동을 하지 않는다. 바로 그것이 대주주의 계산이다.

시간이 흐르자 선택의 의미는 숫자로 드러난다. 2002년 10월, 페이팔은 이베이에 약 15억 달러에 매각된다. 머스크는 CEO였기 때문에가 아니라, 대주주였기 때문에 큰 현금을 손에 쥔다. 알려진 규모로는 약 1억 8천만 달러. '쫓겨난 창업자'라는 표지판은 이 엄청난 숫자 앞에서 힘을 잃는다.

여기서부터 더 중요한 변화가 생긴다. 그는 다음 회사들에서 '기술'만이 아니라 '통제 구조'를 함께 설계하기 시작한다. 코드가 좋아도, 제품이 자라도, 의사결정권이 분리되면 언제든 운전석에서 밀려날 수 있다는 걸 한 번 겪었다. 그래서 그는 테슬라와 스페이스X에서 지분과 의사결정권을 집요하게 붙든다. 속도는 권한에서 나오고, 권한은 구조에서 나온다는 것을, 금융판에서 배웠다.

그가 대주주로 회사에 남은 건 자존심을 지켜서가 아니다. 다음 판을 여는 방식으로 남았기 때문이다. 그리고 이때의 '남는 방식'이, 이후 그의 자본 운용과 리더십의 기본값이 된다.

★ 머스크의 이 결정 이후 — 페이팔 매각으로 확보한 자본은 방어적 자산으로 전환되기보다 곧바로 고위험 산업(우주·전기차)로 이동했고, '엑싯 → 안정'이 아니라 '엑싯 → 재베팅'이라는 경로가 '페이팔 마피아' 서사와 함께 더 널리 퍼졌다. 또한 창업자 축출은 커리어의 끝이 아니라, 지분을 통해 다음 판을 여는 '자본 확보 이벤트'가 될 수 있다는 인식이 실리콘밸리에서 더 노골적으로 회자되기 시작했다.

+ TIPS

머스크의 결정방식 1:
결론이 빨리 나는 쪽을 고르다

머스크의 초기 결정들을 하나씩 떼어놓고 보면, 공통된 미덕이나 영웅 서사는 잘 보이지 않는다. 오히려 반복되는 건 불안정한 선택, 미완의 상태, 그리고 너무 빠른 전환이다. 스탠퍼드 박사과정을 이틀 만에 나간 일도, Zip2를 '완성'시키지 않고 팔아버린 일도, X.com을 세웠다가 다시 송금으로 좁힌 일도 모두 같은 질문에서 출발한다. "이 선택은 언제 결론이 나는가?"

대부분의 사람은 결론이 좋게 날 확률을 따지지만, 머스크는 그보다 먼저 결론이 빨리 나는지를 본다. 확률보다 시간이다. 그는 실패 가능성을 줄이는 쪽으로 움직이지 않는다. 대신 실패가 발생하더라도, 그 실패가 언제 드러나는지를 계산한다. 실패가 늦게 드러나면, 그만큼 다음 선택도 늦어진다고 보기 때문이다.

스탠퍼드 박사과정은 안전했다. 실패해도 낙오자가 되지 않고, 시간 지연도 "연구가 길어졌다"는 말로 정리된다. 하지만 결론은 늦게 난다. 논문이 나오기까지, 평가가 끝나기까지, 그 사이 바깥의 속도는 기다려주지 않는다. 머스크가 느낀 위협은 실패가 아니라 지연이었다.

Zip2에서도 같은 계산이 반복된다. 회사를 더 키울 수 있었고, 제품을 더 다듬을 수도 있었다. 하지만 그럴수록 결론은 뒤로 밀린다. 시장이 이 회사를 어떻게 평가하는지, 이 모델이 어디까지 갈 수 있는지에 대한 답은 더 늦게 온다. 머스크는 회사를 '완성'시키는 대신, 시장에서 빨리 평가받는 쪽을 택한다.

X.com을 세울 때도 그는 같은 기준을 썼다. 은행은 느린 산업이다. 규제가 많고, 절차가 길다. 하지만 그 느림은 동시에 결론이 늦게 나는 구조이기도 하다. 머스크는 그 구조

를 깨고 싶어 했다. 그래서 '온라인 은행'이라는, 성공하면 크지만 실패하면 바로 드러나는 판을 골랐다. 느리게 안전해지는 길보다, 빨리 틀릴 수 있는 길이 더 낫다고 봤다.

송금 하나로 좁힌 결정도 마찬가지다. '온라인 종합은행'은 그림이 크다. 하지만 그림이 큰 만큼, 맞는지 틀린지 확인하는 데 시간이 걸린다. 반면 '송금'은 즉각 반응이 나온다. 쓰이면 맞는 것이고, 안 쓰이면 틀린 것이다. 사용자는 말로 평가하지 않는다. 클릭으로 평가한다. 머스크는 그 클릭이 나오는 속도를 가장 신뢰했다.

이 결정 방식에서 중요한 건, 그가 대담해서 빠른 선택을 하는 게 아니라는 점이다. 그는 감각으로 뛰어들지 않는다. 오히려 지나치게 계산적이다. 다만 그 계산의 단위가 다를 뿐이다. 대부분은 "이게 성공할 확률이 몇 퍼센트인가?"를 묻는다. 머스크는 "이 선택이 맞는지 틀린지를 언제 알 수 있는가?"를 묻는다. 성공 확률이 낮아도, 결론이 빨리 나면 괜찮다. 반대로 성공 확률이 높아 보여도, 결론이 늦게 나면 그는 피한다.

이런 방식은 외부에서 보면 무책임해 보이기 쉽다. 준비가 덜 된 상태에서 시작하고, 완성도를 기다리지 않고 내놓고, 틀리면 고치겠다는 태도이기 때문이다. 하지만 머스크에게 '준비'란 완성도가 아니라 회전수에 가깝다. 한 번에 완벽하게 맞추는 준비보다, 여러 번 틀릴 수 있는 준비를 더 신뢰한다. 그래서 그는 늘 미완의 상태에서 시작한다.

이 방식의 대가도 분명하다. 실패는 자주 드러나고, 실수는 공개적으로 남고, 비난이 빠르게 따라온다. 하지만 머스크는 그 비용을 감당한다. 실패가 빨리 드러날수록, 방향은 더 빨리 고정된다고 믿기 때문이다. 실패를 숨기면 체면은 지킬 수 있지만, 다음 선택은 늦어진다.

그래서 그의 초기 결정들은 늘 불안정해 보인다. 학교를 그만두고, 회사를 팔고, 금융에 뛰어들고, 다시 방향을 틀고, CEO 자리에서 내려온다. 하나하나 보면 일관성이 없어 보인다. 하지만 결정의 기준은 변하지 않는다. '가장 빨리 답이 나오는 쪽으로 이동한다' 그의 선택은 늘 앞당겨져 있다. 남들보다 더 빨리 틀리고, 더 빨리 고치고, 더 빨리 다음 판으로 넘어간다. 안전한 선택을 하지 않아서가 아니라 느린 선택을 위험하다고 보기 때문이다.

이 시기의 머스크는 아직 증명되지 않았다. 다만 그는 망하면 끝나는 판이야말로 집중력을 극대화한다는 사실을 알기 시작했다. 현금을 쥐고 안전해질 수 있었지만, 그는 그 돈을 다시 위험한 곳으로 밀어 넣었다. 하나만 해도 불안한 선택을, 동시에 두 개로 늘렸다. 성공 확률은 낮았지만 그의 계산은 단순했다. '돌아갈 길이 없을수록 판단은 빨라진다' 이 시기의 결정들은 무모해 보이지만, 공통점이 있었다. 퇴로를 지운 뒤에야 비로소 진짜 게임이 시작된다는 믿음이다. 2장은 머스크가 한 번 실패하면 끝나는 판, 즉 퇴로를 지운 판에 스스로를 밀어 넣은 결정들을 따라간다.

퇴로를 아예 지운 채 올인하다 (2002–2008)

7 페이팔 매각금을 챙기지 않고 전액 재투자하다

2002년 10월 페이팔이 이베이에 인수되며 거래가 마무리되었을 때 실리콘밸리엔 정해진 결말이 있었다. 성공한 창업자는 현금을 확보하고, 리스크를 분산시키고, 다음부터는 투자자나 자문가로 살아가는 것. 닷컴 버블 붕괴의 잔해가 아직 거리에 남아 있던 시기라 그 결말은 더 강하게 상식처럼 굳어 있었다. 당시 머스크에게 돌아온 돈은 그 상식을 지키기에 충분했고, 어쩌면 남은 생을 방어적으로 살기에도 충분했다.

하지만 머스크가 돈을 보는 방식은 보통의 성공 서사와 달랐다. 현금은 성취의 증거가 아니라, 다음 실험의 연료였다. 연료는 탱크에 오래 두면 가치가 늘지 않는다. 쓰지 못하는 시간이 길어질수록, 그 돈은 기회가 지나간 뒤에도 남아 있는 잔액이 된다. 그는 그런 잔액을 가장 싫어했다.

당시 그의 주변은 말렸다. 우주와 자동차는 실리콘밸리의 스타트업 문법이 통하지 않는 분야였다. 규제는 촘촘했고, 개발 주기는 길었으며, 실패는 단번에 치명적이었다. 무엇보다 한 번의 실패가 아니라 여러 번의 실패가 필연인 산업이었다. 소프트웨어처럼 배포 후 수정하는 리듬이 아니었다. 만들고, 부수고, 다시 만들고, 그 과정에서 현금이 증발한다. 그 말들은 모두 맞았지만, 머스크는 그 말을 다른 식으로 번역했다. "그러니까, 남겨두면 안 된다"

그가 선택한 건 분산이 아니라 압착이었다. 돈을 보험처럼 남겨두면 마음의 퇴로가 생긴다. 퇴로가 생기면 일정은 늦어진다. 일정이 늦어지면 비용은 늘어난다. 비용이 늘면 더 많은 보험이 필요해진다. 그는 이 악순환을 끊는 방법을 알고 있었다. 처음부터 보험을 없애버리는 것이다. 남겨둔 돈이 많을수록 의사결정이 느슨해지고, 느슨함은 고정비처럼 불어난다. 머스크는 돈을 남겨두는 순간부터 조직이 '망하지 않기 위해 사는 회사'로 바뀐다고 봤다.

그 시기에 그가 반복해 꺼내던 말이 있다. "우린 시간이 없습니다" 민간 우주든 전기차든, 기술이 아니라 지속할 체력이 경쟁력이 되는 산업에서 시간을 잃는 것은 곧 자본을 잃는 일이다. 그래서 그는 자본을 잃는 방식까지 통제하기로 했다. 느리게 잃느니, 빨리 잃고 빨리 결론을 보자는 쪽이었다. 빨리 결론을 보면 다음 배치가 가능하다.

이 결정이 특히 위험했던 이유는 개인의 삶도 함께 담보로 묶였기 때문이다. 창업자가 크게 성공한 뒤 다시 바닥으로 돌아가는 건 흔치 않다. 대부분은 돌아가지 않는다. 하지만 머스크는 돌아갈 수 있게 만들어두는 장치를 스스로 뜯어냈다. 돈을 남기지 않으면, 선택지는 줄어든다. 선택지가 줄어들면, 우유부단이 사라진다. 우유부단이 사라지면, 조직은 '지금 해결하지 않으면 끝'이라는 리듬으로 움직인다. 그는 그 리듬이야말로 대기업의 느린 호흡을 이길 수 있는 유일한 무기라고 믿었다.

이때부터 그의 사업은 좋은 아이디어를 가진 회사가 아니라 파산을 전제로 움직이는 회사가 된다. 회의에서 아름

다운 미래를 이야기하기 전에, 통장 잔고와 다음 발사 일정, 다음 생산 일정이 먼저 놓인다.

그리고 이 결정을 통해 그는 남의 속도를 기다리지 않는 권리를 얻었다. 투자자가 돈을 쥐고 있으면, 창업자는 설명을 해야 한다. 설명을 하는 동안 시간은 간다. 그러나 자기 돈을 전부 넣으면 설명은 짧아지고, 결정은 빠르다. 그는 그 속도를 사고 싶었던 것이다. 페이팔 매각금은 편안한 미래를 사기에 충분했지만, 그는 편안함 대신 속도를 샀다. 그 속도는 나중에 비용이 아니라 생존의 조건이 된다.

★ 머스크의 이 결정 이후 — 실리콘밸리에서 '엑싯은 은퇴의 시작'이라는 관행이 흔들리기 시작했고, 창업자가 확보한 현금을 다시 고정비가 큰 산업으로 밀어 넣는 사례가 '가능한 선택지'로 바뀌었다. 동시에 머스크 자신은 현금을 남기지 않은 대가로 2006~2008년 연쇄적인 자금 압박을 맞으며 다음 판이 아니라 지금 판에서 끝까지 버티는 구조로 들어가게 된다.

8 로켓을 사는 대신 직접 만들기로 마음먹다

2002년 봄 일론 머스크는 페이팔 매각으로 충분한 현금을 손에 쥐었고, 실리콘밸리에서는 이제 무엇을 해도 성공한 창업자로 불릴 수 있는 위치였다. 당시 그가 관심을 둔 건 금융도, 소프트웨어도 아니었다. 우주였다. 더 정확히 말하면 '우주가 언제까지 국가의 전유물로 남아 있어야 하는가'라는 질문이었다.

당시 우주 산업은 냉전의 유산 위에 놓여 있었다. 로켓은 국가가 만들고, 발사는 정부 예산으로 이루어지며, 실패는 정치적 문제로 취급되었다. 로켓을 만들기 위한 비용은 높았고, 일정은 느렸으며, 누구도 가격을 기준으로 이야기하지 않았다. 머스크가 보기에 이 구조는 기술의 문제가 아니라 정의의 문제였다. 우주는 여전히 국가 프로젝트로 취급되고 있었고, 그 순간 이미 시장은 닫혀 있었다.

그는 처음부터 로켓을 만들 생각은 없었다. 더 빠른 길이 있었기 때문이다. 머스크는 러시아를 찾았다. 냉전 시절 대량 생산된 ICBM을 개조해 화성 탐사용 로켓으로 쓰는 방안이었다. 계산상으로는 합리적이었다. 이미 만들어진 하드웨어, 검증된 엔진, 상대적으로 낮은 개발 리스크. 그는 몇 차례 협상을 이어갔고, 실제 구매 가능성도 검토했다.

문제는 가격이었다. 러시아 측이 부른 숫자는 머스크가 머릿속에서 계산한 원가 구조와 전혀 맞지 않았다. 단순히 비싼 게 아니라, 왜 그렇게 비싼지 설명할 수 없는 가격이었다. 협상은 점점 감정싸움으로 흐르기 시작했고, 마지막 만남에서 분위기는 완전히 틀어졌다.

돌아오는 비행기 안에서 머스크는 노트에 숫자를 적기 시작했다. 알루미늄, 탄소복합재, 전자부품 등. 로켓을 구성하는 자재들의 원가를 하나씩 더했다. 그 결과는 단순했다. 완성품 가격에서 원자재가 차지하는 비중은 몇 퍼센트에 불과했다. 나머지는 관행, 외주 마진, 실패를 피하기 위한 절차, 그리고 아무도 책임지지 않는 구조의 비용이었다.

그 순간 머스크의 판단은 바뀌었다. 로켓을 사는 게 문제가 아니라, 로켓을 사는 구조 자체가 문제라는 결론에 도달했다. 그는 방향을 틀었다. 사는 대신, 만들기로 결정한 것이다. 그것도 기존 항공우주 기업이 하던 방식이 아니라 제조업자의 관점에서 접근하기로 했다. 스페이스X는 그렇게 시작되었다. 이 결정의 목표는 명확했다. 더 안전한 로켓이 아니라, 더 싸고 반복 가능한 로켓을 만드는 것이었다.

이 결정은 무모해 보였다. 머스크는 항공우주 전공자가 아니었고, 로켓 제작 경험도 없었다. 대부분의 전문가들은 "로켓은 그렇게 간단하지 않다"고 경고했다. 하지만 머스크가 문제 삼은 건 기술의 난이도가 아니었다. 누가 통제권을 갖느냐였다. 외주를 쓰는 순간 일정과 비용은 남의 손에 넘어간다. 그래서 그는 엔진부터 직접 만들기로 했다. 가장 어렵고, 가장 많은 실패가 예상되는 영역이었다.

직접 만든다는 건, 실패를 직접 감당하겠다는 뜻이었다. 실제로 초기 발사들은 연속으로 실패했다. 하지만 그 실패들은 숨겨지지 않았다. 머스크는 발사 실패를 데이터로 기록했고, 비용 구조를 다시 깎았다. 그의 목표는 한 번의 완벽한 성공이 아니라 다음 발사를 더 싸게 만드는 것이었다. 그는 로켓을 국가적 상징이 아니라 반복 생산되는 공산품처럼 다루기 시작했다.

여기서 중요한 건, 머스크가 우주를 '꿈'으로 접근하지 않았다는 점이다. 화성이라는 목표는 있었지만, 접근 방식은 철저히 '사업'이었다. '단가, 일정, 반복성', 이 세 가지를 만족시키지 못하면 아무리 위대한 비전도 실행되지 않는다고 봤다.

★ 머스크의 이 결정 이후 — 스페이스X는 기존 항공우주 기업들과 전혀 다른 방향으로 움직이기 시작한다. 설계는 단순해졌고, 테스트는 잦아졌으며, 실패 비용은 낮아졌다. 로켓은 점점 한 번 쓰고 버리는 기계가 아니라 다시 쓰는 자산으로 재정의되기 시작했다.

9 로켓 회사와 전기차 회사를 동시에 시작하다

2002년 봄 페이팔 매각 이후 머스크에게 흔하게 들려오는 조언은 "이제는 한 템포 쉬라"였다. 그때 실리콘밸리에서 성공한 창업자들은 대개 투자자로 옮겨갔고, 위험은 남에게 분산시키는 것이 미덕이었다. 하지만 머스크는 천문학적인 돈을 챙기지 않았다. 그는 현금을 편안함으로 환전하면, 다시는 같은 속도로 돌아오지 못할 거라고 판단했다.

그가 들고 있던 문제는 두 개였다. 하나는 우주였다. 발사 비용이 너무 비싸서 인류의 우주 접근 자체가 막혀 있다고 판단했다. 다른 하나는 에너지였다. 화석연료 중심의 이동이 지속되면, 문명 전체의 비용이 계속 커진다고 계산했다.

둘은 전혀 다른 산업처럼 보였지만, 머스크 눈에는 같은 병목을 공유하고 있었다. '비용이 물리 법칙이 아니라 관행 때문에 비싸다' 그 한 줄이었다.

2002년 5월 그는 스페이스X를 세웠다. 곧바로 주변에서 묻기 시작했다. "이제 로켓에 올인하는 거냐?" 머스크는 그 질문을 그대로 두지 않았다. 오히려 반대였다.

그는 한 산업에 올인하면 그 산업의 리듬에 갇힌다고 봤다. 우주산업의 리듬은 느리고, 규제와 계약 구조가 의사결정을 둔하게 만든다. 그 둔함을 상쇄할 수 있는 다른 전장이 필요했다. 그는 다른 전장을 하나 더 올렸다.

2003년 여름 전기차 회사 테슬라가 막 태동하던 시기, 머스크는 그 실험을 옆에서 보다가 들어가기로 결정한다. '자동차는 결국 배터리와 소프트웨어 문제로 수렴한다'는 쪽에 베팅한 것이다.

이 결정을 두고 사람들은 이해하지 못했다. 로켓도 위험한데, 자동차까지? 한 번에 두 개의 실패 확률을 동시에 들어 올리는 짓이었다. 그가 듣고 싶어 했던 반응도 바로 그거였다. "미쳤다"는 말이 나오면, 그만큼 표준 경로에서 벗어났다는 뜻이니까.

그런데 그의 계산은 무모함이 아니라 시간표에 가까웠다. 우주는 느리게 실패한다. 한 번의 발사까지 준비 기간이 길고, 실패해도 다시 버튼을 누르기까지 시간이 걸린다. 반대로 자동차는 빠르게 실패한다. 프로토타입과 공급망, 제조 문제는 매일 드러난다.

머스크는 두 산업을 동시에 올려놓으면, 하나의 산업이 느린 동안 다른 산업에서 빠른 피드백을 얻어 전체 속도를 유지할 수 있다고 봤다. 그에게 위험은 높은 실패 확률 자체가 아니라 실패를 확인하는 데 걸리는 시간이 길어지는 것이었다.

내부에서는 반대가 쏟아졌다. "둘 중 하나에 집중해야 합니다" 머스크는 그런 말을 단호하게 잘랐다고 전해진다. "집중은 선택지를 줄이는 게 아니라 병목을 줄이는 겁니다"

로켓과 자동차는 기술도 다르고 팀도 달랐지만, 머스크가 붙잡은 질문은 똑같았다. "왜 이렇게 비싼가, 왜 이렇게 느린가, 그걸 누가 결정하는가?"

돈의 배치도 한 번에 끝냈다. 로켓은 설비와 인력이 먼저 돈을 먹고, 자동차는 공급망과 제조가 돈을 먹는다. 둘 다 현금이 끊기면 멈춘다. 머스크는 분산투자가 아니라 동시 압박을 선택했다. 두 회사 모두 다음 라운드를 기다리며 버티는 조직이 되지 않게 만들려는 의도였다. 돈을 남겨두면 타협이 생기고, 타협이 생기면 일정이 늘어진다. 그는 그 경로를 싫어했다.

결과적으로 이 결정은 '두 사업을 한다'가 아니었다. 더 정확히는, 두 산업의 비용 구조를 동시에 뜯는 자리로 자신을 고정한 것이었다. 우주에서 원가를 낮추는 법을 배우고, 자동차에서 제조를 다루는 법을 배운다. 둘 중 하나가 흔들리면 다른 하나의 리듬도 같이 흔들린다. 그래서 그는 더 깊게 들어갔다. 리스크를 줄이기 위해 하나를 포기한 게 아니라 리스크가 커지는 구조를 감수하고도 속도를 잃지 않는 쪽을 택했다.

★ 머스크의 이 결정 이후 — 스페이스X와 테슬라가 동시에 '불가능한 일정'을 들고 뛰기 시작하면서, 한 산업의 느린 관행이 다른 산업으로 전염되는 걸 막기 위한 수직 통제(내재화·직접 설계·직접 운영)가 두 회사의 공통 언어가 되었다.

10 실패 확률이 높은 Falcon 1 첫 발사를 강행하다

2006년 3월 스페이스X는 아직 회사라기보다 실험실에 가까웠다. 직원 수는 150명 남짓, 자본은 빠르게 줄어들고 있었고, 발사 경험은 전무했다. 업계에서 민간 기업이 궤도 진입에 성공할 확률은 거의 없다고 여겨지던 시기였다. 특히 소형 발사체 시장은 이미 '국가가 아니면 불가능한 영역'으로 정리되어 있었다.

그럼에도 머스크는 첫 발사를 미루지 않았다. 기술이 완성되지 않았기 때문이 아니라, 완성이라는 기준 자체를 믿지 않았기 때문이다. 그는 내부 회의에서 이렇게 말했다고 전해진다. "완벽해질 때까지 기다리면, 우리는 영원히 버튼을 못 누릅니다”

Falcon 1은 작았고, 저렴했고, 단순했다. 기존 발사체들과 비교하면 여유도, 안전 마진도 적었다. 하지만 머스크는 이 로켓이 성공률 높은 설계가 아니라 학습 속도가 빠른 설계라고 봤다. 실패해도 손실이 치명적이지 않고, 다시 만들 수 있는 크기. 즉 실패를 전제로 설계된 첫 발사체였다.

당시 스페이스X 내부에서도 의견은 갈렸다. 연료 시스템, 엔진 진동, 비행 제어 알고리즘까지 불안 요소가 쌓여 있었다. 업계 전문가들은 “지금 쏘면 데이터보다 낙인이 먼저 남는다”고 경고했다. 머스크는 그 논리를 뒤집었다. 데이터 없는 신뢰가 더 큰 낙인이라고 봤다. 성공하지 못하더라도, 실제 발사를 통해 얻는 정보가 없으면 회사는 다음 단계로 갈 수 없다고 판단했다

첫 발사는 태평양의 외딴 콰잘린 환초에서 이뤄졌다. 언론의 관심도 크지 않았고, NASA나 국방부의 관찰자들도 회의적이었다. 발사 직전, 머스크는 팀에게 이렇게 말했다고 한다. “오늘 성공하면 좋겠지만, 오늘의 목표는 궤도가 아닙니다. 오늘의 목표는 다음 발사입니다”

결과는 실패였다. 발사 직후 엔진 화재로 로켓은 궤도에 오르지 못했다. 외부에서는 예상된 결과라는 반응이 나왔다. "역시 민간은 무리였다"는 부정적 평가가 이어졌다. 그러나 머스크의 반응은 달랐다. 그는 실패 직후 회의실에서 비난이나 책임 추궁을 하지 않았다고 전해진다. 대신 질문은 하나였다. "어디서부터 데이터가 끊겼는가?"

이 첫 실패가 중요한 이유는 의사결정의 방향 때문이다. 머스크는 이 발사를 시도가 아니라 정책으로 만들었다. 이후 스페이스X에서는 '충분히 준비되면 쏜다'가 아니라 '다음 발사를 언제 할 수 있는가'가 기준이 된다. 실패는 중단 사유가 아니라 일정 조정 사유로만 취급되었다.

그는 발사를 미루는 쪽이 더 위험하다고 봤다. 발사를 연기할수록 조직은 조심스러워지고, 설계는 무거워지며, 비용은 늘어난다. 무엇보다 팀은 실제 비행 데이터를 보지 못한 채 추상적인 논쟁에 갇힌다. 머스크는 그 상태를 가장 경계했다. 실패를 통해서만 다음 결정을 더 빠르게 만들 수 있다는 판단이었다.

이 첫 발사는 스페이스X의 외부 평판에는 도움이 되지

않았다. 투자 유치는 더 어려워졌고, 정부 계약 가능성도 낮아 보였다. 하지만 내부적으로는 다른 효과를 냈다. 회사 전체가 '발사는 이벤트가 아니라 반복 과정'이라는 공통 인식을 갖게 된 것이다. 이 인식은 이후 연속된 실패 속에서도 회사를 버티게 만드는 기준점이 된다.

머스크는 나중에 이 시기를 회상하며 비슷한 말을 남겼다. "우리는 성공할 것이라고 확신하지 않았습니다. 다만 시도하지 않으면 확실히 실패한다는 건 알고 있었습니다"

Falcon 1의 첫 발사는 스페이스X가 성공할 수 있음을 증명하지는 못했다. 대신 이 회사가 어떤 방식으로 실패할 것인지는 분명히 보여주었다. 그리고 그 방식은 전통적인 항공우주 산업과는 전혀 다른 길이었다.

★ 머스크의 이 결정 이후 — 민간 우주 기업들 사이에서 '첫 성공까지 기다리기보다 첫 실패를 얼마나 빨리 겪는가'가 일정 설계의 기준으로 자리 잡기 시작했다. Falcon 1의 첫 발사는 궤도에는 오르지 못했지만, 이후 민간 우주 개발이 완성 중심에서 반복 중심으로 이동하는 출발점이 되었다.

11 Falcon 1의 연속 발사 실패를 감추지 않았다

2006년 3월 첫 발사 실패 이후, 스페이스X는 멈추지 않았다. 머스크는 실패를 수정된 입력값 정도로 취급했다. 로켓을 다시 조립했고, 일정은 다시 잡혔다. 외부에서 보기엔 무모함의 연속이었지만, 내부에서는 이미 기준이 정해져 있었다. 실패는 숨길 대상이 아니라 다음 발사의 조건이었다.

두 번째 발사는 같은 해 2007년 3월에 했는데, 결과는 더 참담했다. 발사 직후 엔진 이상으로 로켓은 다시 추락했다. 이쯤 되자 업계의 반응은 단순한 회의에서 조롱으로 바뀌기 시작했다. "두 번이면 충분하지 않나" "이제 멈출 때가 됐다"

대부분의 회사라면 내부적으로 원인을 정리하고, 외부에는 침묵했을 상황이었다. 하지만 머스크는 반대로 움직였다. 실패 원인을 숨기지 않았고 발사 영상과 기술적 문제를 외부에 공개했다. 언론 인터뷰에서도 발사를 강행한 이유를 얼버무리지 않았다. "우리는 아직 배우는 중입니다" 이 말은 변명이 아니라 전략에 가까웠다.

세 번째 발사는 2008년 8월에 했다. 이번에는 발사 자체는 순조로웠지만, 단 분리 단계에서 문제가 발생했다. 로켓은 다시 궤도 진입에 실패했다. 세 번 연속 실패, 민간 우주기업으로서는 사실상 사망 선고에 가까운 기록이었다. 투자자들은 등을 돌렸고, 정부 기관은 관찰 대상에서 제외하기 시작했다.

여기서 중요한 건 실패의 횟수가 아니라 머스크가 그 실패를 다루는 방식이었다. 그는 세 번의 실패를 하나의 서사로 묶지 않았다. 매번 독립된 사건으로 분해했고, 각각을 공개된 학습 재료로 만들었다. 실패를 숨기지 않는 선택은 단기적으로는 회사의 신뢰를 갉아먹었지만, 내부적으로는 다른 효과를 냈다. 조직이 실패를 개인의 책임이 아니라 시스템의 문제로 바라보게 된 것이다.

당시 스페이스X 엔지니어들 사이에서는 이런 분위기가 형성되었다고 전해진다. "다음 실패에서는 무엇을 더 배울 수 있을까" 실패가 누적될수록 공포는 줄고, 데이터는 늘어났다. 머스크는 이 상태를 유지하려 했다. 실패를 숨기기 시작하는 순간, 조직은 방어적으로 변하고 학습 속도는 급격히 떨어진다고 봤기 때문이다.

그럼에도 외부의 시선은 냉혹했다. 세 번 연속 실패한 회사에 네 번째 기회는 없다는 게 업계의 상식이었다. 머스크도 그 사실을 몰랐던 건 아니다. 하지만 그는 실패 기록이 아니라 실패를 감당하는 구조가 회사의 생존을 결정한다고 판단했다. 숨긴 실패는 다시 나타나지만, 공개된 실패는 다음 설계를 바꾼다. 그 차이가 누적되면, 어느 순간 결과가 갈린다고 봤다.

이 시기에 머스크는 개인적으로도 압박을 받았다. 자본은 바닥을 향해 가고 있었고, 테슬라 역시 불안정한 상태였다. 그럼에도 그는 실패를 축소하거나 미화하지 않았다. 성공 가능성을 과장하지도 않았다. 대신, 실패가 발생한 맥락과 기술적 이유를 최대한 있는 그대로 드러냈다. 이는 투자자를 설득하기 위한 전략이라기보다 조직을 유지하기 위한 선택이었다.

세 번의 실패를 공개한 결과, 스페이스X는 업계에서 성공 가능성 없는 회사로 낙인찍혔다. 하지만 동시에 다른 이미지도 생겼다. 실패를 숨기지 않는 회사, 그리고 실패를 반복 가능한 과정으로 다루는 회사. 이 이미지는 이후 NASA와의 협상 국면에서 의외의 신뢰 자산으로 작용하게 된다.

머스크는 훗날 이 시기를 돌아보며 비슷한 말을 했다. "실패를 숨기지 않으면, 실패가 회사를 죽이지는 않습니다"

Falcon 1의 세 번 연속 실패는 스페이스X의 기술력을 증명하지 못했다. 대신 이 회사가 어떤 방식으로 끝까지 버틸 것인지는 분명히 보여주었다. 그리고 그 방식은, 항공우주 산업의 오랜 문화와는 정반대에 가까웠다.

★ 머스크의 이 결정 이후 — 민간 우주 개발 영역에서 실패 공개에 대한 태도가 조금씩 바뀌기 시작했다. 발사 실패는 더 이상 '침묵해야 할 사건'이 아니라, 기술적 신뢰를 쌓는 과정으로 취급되기 시작했고, 스페이스X는 그 변화를 가장 먼저 감당한 사례로 남았다.

12 로켓 재사용을 '목표'가 아니라 '전제'로 못 박다

2007년 무렵 스페이스X 내부에서 로켓 재사용은 아직 '나중에 생각해볼 문제'에 가까웠다. 민간 로켓 기업이 겨우 첫 발사를 준비하던 시점에, 이미 성공 사례조차 없는 기술을 다시 써보겠다는 발상은 현실성이 없었다.

당시 항공우주 업계의 상식은 명확했다. 로켓은 쓰고 버리는 소모품이었다. 연료를 다 태운 뒤 바다에 떨어지는 건 실패가 아니라 설계 의도였다. 머스크는 그 상식을 너무 빨리 의심했다.

그는 회의에서 자주 같은 질문을 던졌다. "비행기는 왜 착륙합니까?" 대답은 늘 같았다. "다시 쓰기 위해서죠" 그러면 머스크는 말을 이었다. "그럼 로켓은 왜 못 합니까?"

이 질문은 기술적 도발이 아니라 비용 계산에서 나왔다. 로켓 한 기의 제조 비용은 전체 발사 비용의 대부분을 차지했다. 연료비는 미미했고, 실제로 타버리는 건 값비싼 하드웨어였다. 머스크는 이를 이렇게 정리했다. "우리는 수억 달러짜리 물건을 한 번 쓰고 버리고 있다" 그가 보기에 이 구조는 물리 법칙이 아니라 관행의 결과였다.

2008년 이전, 스페이스X는 아직 생존을 걱정해야 하는 회사였다. Falcon 1은 연속으로 실패했고, 성공 여부 자체가 불확실했다. 이 상황에서 대부분의 경영자는 일단 한 번이라도 제대로 쏘는 것에 집중했을 것이다. 재사용은 성공 이후의 사치였다. 하지만 머스크는 반대로 갔다. 그는 재사용을 '잘되면 해보는 옵션'이 아니라 회사가 존재하는 이유의 일부로 밀어 넣었다.

그의 판단은 냉정했다. 설령 한 번 성공하더라도, 매번 로켓을 새로 만들면 이 사업은 규모를 키울 수 없다. 발사를 몇 번 하는 회사가 아니라, 발사를 산업으로 만드는 회사가 되려면 구조 자체가 달라야 했다. 당시 그는 이렇게 말했다고 전해진다. "재사용이 안 되면, 우리는 그냥 조금 싼 로켓 회사일 뿐입니다"

중요한 건 '언젠가 재사용하겠다'가 아니었다. 설계 단계에서부터 재사용을 전제로 삼느냐였다. 머스크는 로켓이 발사된 뒤 어디로 떨어질지, 어떤 각도로 진입해야 하는지, 착륙 시 어떤 하중을 견뎌야 하는지를 처음부터 계산에 넣으라고 지시했다. 성공적으로 궤도에 올리는 것만이 목표인 로켓과, 다시 돌아와야 하는 로켓은 전혀 다른 물건이었다.

"로켓은 돌아와야 한다" 이 문장이 목표가 아니라 전제가 되자, 실패의 정의도 달라졌다. 착륙에 실패한 실험은 망한 발사가 아니라 수집된 데이터가 되었다. 폭발은 숨길 일이 아니라 다음 설계를 고치기 위한 입력값이 되었다.

이 결정은 회사의 리스크를 키웠다. 성공 확률이 낮은 발사에, 추가로 더 어려운 조건을 얹었기 때문이다. 하지만 머스크는 위험을 분리해서 계산하지 않았다. 그는 성공 확률이 낮은 사업이라면, 성공했을 때 구조적으로 압도적이어야 한다고 봤다. 재사용이 없는 성공은 오래가지 못하고, 재사용이 있는 성공만이 다음 단계로 이어진다고 판단했다.

결과적으로 스페이스X는 한동안 "쓸데없이 어려운 길을 간다"는 평가를 받았다. 그러나 이 선택은 이후 회사의 모든 의사결정을 묶는 기준점이 된다. 로켓의 크기, 엔진의 배열, 발사 주기, 가격 정책까지 재사용을 중심으로 재정렬되기 시작했다. 로켓은 더 이상 한 번 쓰는 물건이 아니라 반복 운용되는 자산이 되었다.

머스크는 이 시점에서 이미 로켓을 발사체가 아니라 플랫폼으로 보고 있었다. 플랫폼은 한 번 만들고 끝나는 것이 아니라 계속 써야 의미가 있다. 재사용을 전제로 못 박은 순간, 스페이스X는 단순한 민간 발사 기업에서 발사 비용의 곡선을 직접 깎아내리는 구조적 도전자 쪽으로 이동했다.

★ 머스크의 이 결정 이후 — 재사용은 스페이스X의 실험 항목이 아니라 회사 전체의 설계 기준으로 굳어졌고, 발사 비용과 발사 빈도를 동시에 낮출 수 있는 유일한 경로로 작동하기 시작했다. 이후 민간 우주 산업에서 '로켓은 돌아와야 한다'는 명제는 더 이상 공상적 질문이 아니라 경쟁의 출발선이 되었다.

13 Falcon 1의 네 번째 발사에 회사의 생존을 걸다

2008년 여름 스페이스X의 장부는 사실상 끝나 있었다. Falcon 1은 이미 세 번 실패했다. 첫 번째는 연료 누출, 두 번째는 진동 문제, 세 번째는 분리 충돌이 원인이었다. 원인은 달랐지만 결과는 같았다. 바다에 떨어진 잔해와 줄어든 계좌 잔고. 민간 우주 산업에서 연속 세 번의 실패는 "조금 더 지켜보자"가 아니라 "이제 끝났다"는 신호에 가까웠다.

투자자들도 그렇게 봤다. 고객도, 언론도, 업계도 이미 스페이스X를 실패 사례 쪽에 분류하고 있었다. 다음 발사를 위한 자금은 거의 남아 있지 않았다. 내부에서는 이 네 번째 발사가 마지막이 될 가능성을 모두가 알고 있었다. 성공하지 못하면 회사는 문을 닫는다. 그 사실을 굳이 회의 자료에 적을 필요는 없었다.

머스크는 그 상황에서 발사를 미루지 않았다. 기술적으로 보면, 아직 완벽하다고 말하기 어려웠다. 세 번째 실패 이후 수정된 분리 메커니즘은 계산상으론 맞았지만, 실전 검증은 없었다. 보수적으로 판단하면 더 많은 지상 시험을 하고, 일정을 늦추는 게 맞았다. 하지만 일정은 곧 자금이었다. 발사를 늦추는 건 안전을 높이는 선택이 아니라, 파산을 확정하는 선택이 될 수도 있었다.

머스크는 이 지점을 이렇게 받아들였다. 선택지가 많을 때는 계산이 가능하지만, 선택지가 하나로 줄어들면 결단만 남는다. 그는 직원들에게 "이번이 마지막"이라는 말을 하지 않았다. 대신 발사 준비를 평소보다 더 조용히 진행했다. 현장은 긴장돼 있었지만, 과장된 비장함은 없었다. 모두가 이미 알고 있었기 때문이다. 이 버튼을 누른 뒤에는 다음 회의가 없을 수도 있다는 걸.

발사 당일, Falcon 1은 이전보다 매끄럽게 상승했다. 1단 분리는 성공했다. 문제는 그 다음이었다. 세 번째 실패의 악

몽이 떠오르는 구간이었다. 잠시의 공백, 데이터 스트림, 그리고 엔진 점화. 이번에는 충돌이 없었다. 로켓은 예정된 궤도로 올라갔다.

성공이 확인되자, 현장은 폭발하지 않았다. 환호는 있었지만, 대부분은 잠시 멍해졌다. 너무 많은 실패를 겪은 뒤라, 성공을 받아들이는 데 시간이 필요했다. 머스크는 나중에 이 순간을 이렇게 회상했다. "그때 깨달았습니다. 우리가 아직 살아 있다는 걸"

이 네 번째 발사는 기술적으로 보면 작은 로켓의 저궤도 진입 성공에 불과했다. 페이로드도 크지 않았고, 상업적으로 당장 큰 수익을 내는 발사도 아니었다. 하지만 이 성공 하나로 모든 것이 바뀌었다. NASA의 시선이 달라졌고, 투자자의 태도가 달라졌고, 무엇보다 내부의 기준이 달라졌다.

머스크에게 이 발사는 '운이 좋았다'는 증거가 아니었다. 끝까지 가면 판이 바뀔 수 있다는 경험이었다. 그는 이때부터 실패를 줄이는 전략보다 버틸 수 있는 구조를 만드는 전략에 더 집착하게 된다.

중요한 건, 이 성공이 여유 속에서 나온 게 아니라는 점이다. 남은 돈, 남은 신뢰, 남은 기회가 모두 하나의 발사에 묶여 있었다. 머스크는 이 상황을 피하지 않았다. 오히려 선택지를 하나로 압축했다. 도망칠 공간이 사라지자 집중도가 극단적으로 높아졌다.

이 네 번째 발사는 스페이스X를 살렸다. 동시에 머스크 자신의 방식도 고정시켰다. 완벽해질 때까지 기다리지 않고, 끝을 볼 수 있을 때까지 밀어붙이는 방식. 이후의 스타십(Starship), 로보택시, 로봇 투입까지 이어지는 결정들에는, 이 경험의 흔적이 반복해서 나타난다. 그는 이때 배웠다. 성공은 확률의 문제가 아니라, 버티는 시간의 문제일 수 있다는 걸.

★ 머스크의 이 결정 이후 — Falcon 1의 성공은 스페이스X를 단숨에 파산 직전의 스타트업에서 신뢰 가능한 발사체 개발사로 이동시켰고, NASA 계약과 Falcon 9로 이어지는 다음 단계의 문을 열었다. 이 한 번의 발사는 기술보다 먼저 회사의 생존 조건을 증명한 사건으로 남았다.

14 혹독한 금융위기에도 두 회사의 동시 생존을 택하다

2008년 가을이 되자 세계는 무너지고 있었다. 리먼 브라더스가 파산했고, 신용 시장은 얼어붙었다. 살아남은 기업들도 신규 투자를 중단했다.

머스크의 상황은 더 나빴다. 그는 한 회사가 아니라 두 회사를 동시에 끌고 있었다. 스페이스X는 막 Falcon 1 네 번째 발사에 성공했지만, 아직 안정적인 수익 모델은 없었다. 테슬라는 Model S 이전 단계에서 현금을 태우고 있었고, 자동차 산업 자체가 금융위기의 직격탄을 맞고 있었다.

보통이라면 선택은 명확했다. 하나를 살리고, 하나를 접는다. 투자자들도 그렇게 조언했다. "우주 쪽이든 자동차

쪽이든 하나만 남기라"는 말이 반복되었다. 자금, 시간, 신뢰, 체력. 모든 것이 분산되어 있었다.

머스크는 이 조언을 따르지 않았다. 그는 두 회사를 동시에 살리는 쪽을 선택했다. 정확히 말하면, 둘 중 하나를 희생시키는 결정을 내리지 않기로 결정했다.

그는 두 사업이 서로 다른 속도로 죽고 있다는 걸 보고 있었다. 스페이스X는 기술적으로는 전진하고 있었고, 테슬라는 시장 신뢰가 무너지고 있었다. 반대로 보면, 둘 다 아직 끝나지 않았다는 뜻이기도 했다. 문제는 시간이었다. 자금은 몇 주 단위로 줄고 있었고, 급여 지급일은 매달 돌아왔다. 머스크는 개인 자금을 계속 투입했다. 이미 페이팔 매각금의 대부분은 사라진 뒤였다. 그는 집을 팔고, 대출을 당기고, 자신의 현금 흐름을 회사 쪽으로 밀어 넣었다.

이 시기에 그가 자주 했다는 말이 있다. "우리가 틀렸다면 어차피 끝입니다. 그런데 지금 포기하면, 틀렸는지조차 확인하지 못하고 끝납니다"

테슬라 쪽은 특히 심각했다. 자동차는 팔리지 않았고, 공장은 돈을 먹고 있었다. 내부에서는 구조조정과 개발 축소

이야기가 나왔다. 하지만 머스크는 핵심 개발을 멈추지 않았다. Model S는 아직 멀었지만, 방향을 바꾸지는 않았다. 그는 위기 때 전략을 바꾸는 것이 아니라 위기를 견딜 수 있는지로 전략을 검증하려 했다.

스페이스X 역시 마찬가지였다. Falcon 1의 성공 이후에도 계약은 바로 쏟아지지 않았다. NASA 계약은 불확실했고, 민간 발사 시장은 얼어붙어 있었다. 하지만 그는 인력을 줄이기보다 다음 발사체 개발을 이어갔다. 멈추는 순간, 기술 팀은 흩어진다고 봤기 때문이다.

이중 생존 전략은 주변에서 무모하게 보였다. 머스크 자신도 이 시기를 "인생에서 가장 힘든 시기"라고 여러 번 언급했다. 수면은 줄었고, 판단은 더 날카로워졌다. 그는 회의에서 감정적인 말을 거의 하지 않았다고 전해진다. 대신 숫자와 일정만 반복했다. 감정에 흔들리면, 둘 다 잃는다고 봤기 때문이다.

결정적인 순간은 연말이었다. 테슬라는 마지막 자금 조달을 시도했고, 스페이스X는 NASA 계약 결과를 기다리고 있었다. 둘 중 하나라도 실패하면, 연쇄적으로 무너질 가능성이 컸다. 머스크는 크리스마스이브까지 투자 계약을 붙잡고 있었다. 협상이 결렬될 경우를 대비해, 급여 지급 순서를 계산하고 있었다.

결국 테슬라는 마지막 순간에 자금을 확보했고, 스페이스X는 이후 NASA 계약으로 숨통을 틔운다. 이 결과만 놓고 보면, 그의 선택은 결과적으로 맞았다고 말할 수 있다. 하지만 그 당시에는 결과가 아니라 "동시에 버티겠다"는 의지만 존재했다.

머스크는 이 경험을 통해 하나의 기준을 얻는다. 위기 상황에서 문제를 줄이는 게 항상 정답은 아니라는 것. 때로는 문제를 유지한 채, 시간을 벌어야 다음 단계가 열린다는 감각이다. 이후 그가 여러 사업을 동시에 밀어붙이는 이유에는, 이 시기의 기억이 깊게 깔려 있다.

★ 머스크의 이 결정 이후 — 2003년의 이중 생존은 테슬라와 스페이스X 모두가 다음 단계로 넘어갈 수 있는 최소 조건을 만들었고, 머스크는 이후 위기 국면에서 하나를 버리고 하나를 지키는 선택을 거의 하지 않게 된다. 동시에 버틸 수 있는 구조를 만들겠다는 기준이 그의 이후 결정에 반복해서 등장한다.

15 테슬라 CEO를 직접 맡기로 하다

2008년 10월 테슬라는 사실상 멈춰 서 있었다. 금융위기로 자금줄은 말랐고, 로드스터 생산은 차질을 빚고 있었다. 회사 안에는 기술 문제보다 더 큰 문제가 퍼져 있었다. 누가 책임지는지 알 수 없다는 분위기였다.

그때까지 머스크는 테슬라의 창업자가 아니었다. 초기 투자자였고, 이사회 의장이었으며, 가장 목소리가 큰 사람 중 하나였다. 그러나 공식적인 책임자는 아니었다. CEO는 따로 있었고, 머스크는 전략에 깊게 관여하면서도 최종 결정을 직접 떠안는 위치는 아니었다.

위기 상황에서 이 구조는 제대로 작동하지 않았다. 개발,

생산, 자금 조달, 인력 문제까지 모든 결정이 지연되었다. "이건 CEO 판단이 필요하다"는 말이 회의실을 떠돌았고, 그 CEO는 이미 교체 수순에 들어가 있었다. 방향은 있었지만, 속도가 없었다.

머스크는 이 상태를 오래 두지 않았다. 그는 CEO 자리를 직접 맡기로 한다. 외부에서 조언하고 압박하는 위치가 아니라, 실패하면 그대로 책임지는 자리로 들어간다. 이건 명예욕의 선택이 아니었다. 그는 이미 테슬라에 개인 자금 대부분을 묶어둔 상태였고, 회사가 무너지면 자신도 끝이라는 걸 알고 있었다.

그가 CEO를 맡겠다고 했을 때 내부 반응은 엇갈렸다. "너무 공격적이다"라는 말도 있었고, "기술은 알지만 조직 운영은 다르다"는 우려도 나왔다. 자동차 산업은 특히 보수적이었고, 실리콘밸리식 리더십은 낯설었다.

머스크는 이런 지적을 반박하지 않았다. 대신 구조를 바꿨다. 그는 CEO가 되자마자 회의 방식을 바꿨다. 보고서는 줄이고, 현장을 늘렸다. 공장에 직접 내려가 문제를 물었고, 일정표를 다시 그렸다. 기술적 문제와 자금 문제를 분리하지 않았다. 둘은 항상 연결되어 있다고 봤기 때문이다.

가장 큰 변화는 결정 속도였다. 이사회, CEO, 경영진을 오가는 승인 절차는 줄어들었다. 책임이 한 곳으로 모이자, 선택은 빨라졌다. 틀리더라도 빨리 틀리는 쪽을 택했다. 이때부터 테슬라 내부에는 "머스크에게 물어본다"가 아니라 "머스크가 결정한다"는 기준이 자리 잡는다.

그는 CEO로서 안전한 선택을 하지 않았다. 차라리 더 위험한 쪽을 택했다. 개발 일정은 빡빡해졌고, 자금 운용은 더 공격적이 되었다. 외부에서는 "무모하다"는 평가가 나왔지만, 내부에서는 기준이 명확해졌다. 누가 최종 책임자인지 더 이상 헷갈리지 않게 되었기 때문이다.

머스크는 CEO 자리를 관리자의 역할로 보지 않았다. 그에게 CEO는 병목을 직접 제거하는 사람이어야 했다. 문제가 생기면 보고받는 위치가 아니라 문제 위에 서는 자리. 그는 기술 세부까지 파고들었고, 설계 변경에도 개입했다. 이때부터 테슬라 CEO는 전략가이자 엔지니어, 그리고 최종 디버거 역할을 동시에 수행하는 자리가 된다.

이 결정은 그를 더 많은 비난 속으로 밀어 넣었다. 실패하면 변명의 여지가 없어졌고, 성공해도 공을 나누기 어려워졌다. 하지만 그는 이 구조를 선호했다. 책임이 분산되면 속도가 느려진다고 믿었기 때문이다.

머스크의 CEO 취임 이후 테슬라는 곧바로 안정되지 않았다. 오히려 혼란은 더 커졌다. 하지만 방향은 흐려지지 않았다. 그는 회사를 살리기 위해 누가 옳았는지보다 지금 무엇을 해야 하는지를 기준으로 삼았다. 이 기준은 이후 테슬라뿐 아니라 스페이스X, X, xAI까지 그대로 이어진다.

머스크는 이 시점에서 스스로를 경영자로 재정의한다. 아이디어를 던지는 사람이 아니라, 결과를 떠안는 사람으로. CEO 자리를 맡는다는 건 직함을 얻는 게 아니라 도망칠 수 있는 출구를 스스로 막는 선택이었다.

★ 머스크의 이 결정 이후 — 테슬라는 명확한 단일 책임 구조 아래에서 움직이기 시작했고, 머스크는 이후 대부분의 핵심 사업에서 외부 압박자가 아니라 내부 최종 책임자 자리를 고수하게 된다. CEO를 맡는다는 선택은 그의 모든 다음 결정에서 기본값이 된다.

+ TIPS

머스크의 결정방식 2:
물리적 실체에 배팅하다

2장에서 머스크가 내린 결정들은 하나같이 '파산 확률 90%'라는 수식어가 붙어 있었다. 페이팔 매각금을 전액 재투자하고, 로켓과 전기차라는 두 개의 사지(死地)로 동시에 뛰어든 것은 겉보기에 무모한 도박사처럼 보인다. 하지만 머스크는 확률을 계산하는 사람이 아니다. 그는 물리적 원가와 원소의 가치를 계산하는 사람이다.

대부분의 경영자는 과거의 데이터와 시장의 평판으로 확률을 낸다. "민간 로켓이 성공한 적이 있는가?" "전기차가 수익을 낸 적이 있는가?"라는 질문에 과거의 기록은 단호하게 "No"라고 답한다. 통계와 데이터에 근거한 성공 확률이 0%에 수렴하기 때문에, 자본은 움직이지 않고 전문가들은 불가능을 논한다.

하지만 머스크는 과거의 기록을 보지 않고 물질의 원소를 본다. 로켓을 구성하는 알루미늄, 구리, 티타늄의 원자재 가격이 런던금속거래소(LME)에서 얼마에 거래되는지를 따진다. 기성 로켓 가격의 단 2%만이 원자재 값이라는 사실을 발견하는 순간, 그는 확률 게임을 멈추고 제조 게임을 시작한다.

그는 "물리 법칙이 허용하는 범위 내에 있다면, 나머지는 엔지니어링의 문제일 뿐이다"라고 믿는다. 확률이 낮아 보이는 이유는 기술이 불가능해서가 아니라, 기존 산업의 관행과 중간 마진, 그리고 비효율적인 공급망이 두껍게 쌓여 있기 때문이라는 통찰이다. 그는 남들이 확률을 따질 때 원가를 파괴하는 구조를 설계한다.

스페이스X를 세울 때 그가 러시아의 중고 로켓 구매를 포기하고 직접 제작을 택한 것도 이 때문이다. 남이 만든 로켓을 사는 것은 그들의 비효율까지 함께 사는 일이다. 머스크는 로켓의 모든 부품을 내재화해 물리적 최소 비용에 근접시키려 했다. 확률에 의존하면 협상에 매달리게 되지만, 물리적 실체에 집중하면 통제권을 갖게 된다.

테슬라 역시 마찬가지였다. 당시 배터리 팩 가격은 kWh당 600달러가 넘었고, 전문가들은 이 가격이 떨어지지 않을 것이라 장담했다. 머스크는 배터리를 구성하는 탄소, 니켈, 알루미늄의 테트리스를 다시 시작했다. 소재의 물리적 결합 비용을 계산했을 때 가격은 훨씬 더 낮아져야 했고, 그는 그 수치를 믿고 기가팩토리를 지었다.

이 방식은 극단적인 '제1원리(First Principles)' 사고에 기반한다. 유추나 비교를 통해 결정을 내리는 것이 아니라, 사물을 가장 기초적인 진실로 분해한 뒤 거기서부터 다시 쌓아 올리는 방식이다. 이 관점에서 보면 2008년의 금융위기나 연쇄적인 발사 실패조차 물리 법칙을 바꾸지는 못하는 외부 소음에 불과했다.

그가 두 회사를 동시에 운영하며 파산 직전까지 간 것은 무모함이 아니라 물리적 실체를 확인하기 위한 기회비용이었다. 그는 "망할지도 모른다"는 공포보다 "물리적으로 가능한데 왜 안 되는가"라는 질문의 답을 찾는 데 더 집착했다. 답이 나올 때까지 그는 자신의 전 재산을 칩처럼 판돈으로 밀어 넣었다.

이 과정에서 머스크는 '리스크'의 정의를 새로 썼다. 그에게 리스크란 돈을 잃는 것이 아니라, 물리적으로 가능한 일을 시도하지 않는 것이다. 자본은 다시 벌 수 있지만, 물리적 가능성을 증명할 기회비용은 시간과 함께 사라지기 때문이다. 그는 안전한 분산투자 대신, 가장 확실한 물리적 진실에 집중투자를 감행했다.

이 방식은 통계적 안전을 추구하는 이들에겐 미친 짓으로 보이지만, 원천 기술을 장악하려는 머스크 같은 리더에겐 유일한 필승법이다. 확률은 타인의 시선이 만든 허상이지만, 물리적 원가는 누구도 부정할 수 없는 실체이기 때문이다. 그는 허상을 걷어내고 실체 위에 제국을 건설했다.

그는 시장의 변덕을 예측하려 들지 않았다. 대신 물질의 한계까지 몰아붙여 시장이 자신을 따라오게 만들었다. 확률 낮은 게임에서 그가 늘 승리한 비결은, 애초에 그가 확률이 아닌 법칙에 배팅했기 때문이다.

이 시기부터 머스크는 말보다 작동을 요구받기 시작했다. 가능성을 설명하는 단계는 끝났고, 이제는 돌아가는 물건을 내놓아야 했다. 그는 비전을 팔기보다, 실제로 움직이는 결과를 내세웠다. 실패는 여전히 많았지만, 실패의 변명은 줄었다. 중요한 건 완벽함이 아니라 반복 가능성이었다. 한 번 되는 게 아니라, 계속 되는 것! 이 시기의 결정들은 기술을 증명하는 선택이 아니라 제품으로 고정하는 선택이었다. 3장은 머스크가 '될 수 있다'를 넘어 '작동한다'로 기준을 바꾼 결정의 순간들을 다룬다.

가능성이 아닌 작동으로 증명하다 (2009–2016)

16 Falcon 9의 발사로 본게임에 들어가다

2009년까지 스페이스X는 여전히 '될 수도 있는 회사'였다. Falcon 1의 궤도 진입 성공은 분명 역사적 사건이었지만, 우주 산업의 냉정한 기준에서 그것은 한 번의 성공에 가까웠다. 한 번은 운이 될 수 있고, 한 번은 예외로 처리될 수 있다. 고객은 감탄이 아니라 반복 가능한 납기를 사고, 언론의 헤드라인이 아니라 다음 발사 일정을 요구한다. 소형 로켓 한 기를 띄운 민간 기업이라는 타이틀은 인상적이었지만, 그것만으로는 국가 우주기관과 같은 테이블에 앉을 수 없었다. 스페이스X는 아직 '우주에 간 회사'였지, '우주에 보내는 일을 맡길 회사'는 아니었다.

머스크는 그 점을 누구보다 냉정하게 보고 있었다. 소형 로켓으로는 시장의 중심에 들어갈 수 없다는 것, 민간 우주 기업이라는 수식어를 떼려면 완전히 다른 급의 발사체가 필요하다는 것을 알고 있었다. 그래서 그는 Falcon 1의 성공 직후, 이미 다음 질문으로 넘어가 있었다. "이제 주력으로 들어갈 수 있는가?"

그가 말한 본게임은 더 큰 로켓의 문제가 아니었다. 계약, 일정, 책임이 붙는 세계였다. 발사가 이벤트가 아니라 납기가 되고, 실패가 곧 비용으로 환산되는 영역이다. 여기서 중요한 건 가능성이 아니라 반복 가능한 신뢰였다. 머스크는 실험의 세계에 오래 머무를 생각이 없었다. 실험은 증명 단계에서 끝나야 했고, 그다음은 운용의 세계였다.

Falcon 9은 그 전환을 위한 선택이었다. 이 로켓은 처음부터 운용을 전제로 설계되었다. NASA, 정부, 상업 위성을 동시에 겨냥했고, 가격 경쟁력과 발사 빈도를 함께 계산한 물건이었다. 기존 발사체 시장의 비용 구조를 정면으로 깨겠다는 의도가 분명했다. "싸게 띄우겠다"는 단지 구호가 아니라 정기적으로 띄울 수 있는 구조를 만드는 데 초점이 맞춰져 있었다.

내부 반발도 컸다. Falcon 9은 Falcon 1과 비교할 수 없는 규모였다. 개발비, 인력, 일정 모두에서 회사 전체를 걸어야 하는 선택이었다. 실패하면 스페이스X는 다시 일어설 수 없을 수도 있었다. 2008년 금융위기 직후라는 시점도 부담이었다. 투자 환경은 얼어붙어 있었고, 우주 산업에 대한 신뢰는 여전히 제한적이었다.

그럼에도 머스크는 물러서지 않았다. 그는 '소형 성공'이 회사를 살려주지는 않는다는 걸 알고 있었다. 본게임에 들어가지 않으면, 결국 주변부에 머무르다 사라진다는 계산이었다. 그는 이렇게 말한 적이 있다. "우리는 장난을 치러 온 게 아닙니다"

Falcon 9의 설계는 그 태도를 그대로 드러냈다. 업계가 고성능 단일 엔진을 선호할 때, 그는 여러 개의 비교적 작은 엔진을 묶는 방식을 택했다. 리스크는 분명했지만, 대량생산과 비용 통제를 우선한 선택이었다. 완벽한 엔진보다 반복 가능한 제조를 택한 것이다. 이는 기술 선택이 아니라 운영 선택에 가까웠다.

2010년 6월 Falcon 9의 첫 발사는 성공했다. 이 순간 스페이스X의 위치가 바뀌었다. 더 이상 '될지도 모르는 회사'가 아니었다. 대형 위성을 안정적으로 궤도에 올릴 수 있는 발사체를 실제로 보유한 기업이 되었다. 우주 산업의 입장권을 손에 쥔 셈이었다.

이 결정의 핵심은 기술이 아니라 포지션 이동이었다. Falcon 1이 증명이라면, Falcon 9은 진입이었다. 머스크는 스스로를 실험의 영역에서 끌어내 계약과 일정이 지배하는 세계로 밀어 넣었다. 성공은 더 이상 뉴스가 아니었고, 실패는 변명으로 설명될 수 없게 되었다.

Falcon 9 이후 스페이스X의 시간은 완전히 달라졌다. 발사는 이벤트가 아니라 일정이 되었고, 회사는 도전자에서 공급자로 이동했다. 머스크는 그 세계로 들어가는 것을 주저하지 않았다. 본게임은 바로 거기에 있었기 때문이다.

★ 머스크의 이 결정 이후 — 2010년 Falcon 9의 성공 이후 발사 시장의 기준은 기술적 정교함보다 발사 빈도·가격·납기 신뢰도로 이동하기 시작했고, 민간 기업이 국가 우주 프로그램의 주력 발사체를 맡는 구조가 현실로 굳어지기 시작했다.

17 민간 우주 화물 운송을 계약으로 증명하다

Falcon 9의 첫 성공 이후에도 스페이스X는 여전히 시험대 위에 있었다. 로켓을 한 번 띄웠다는 사실과, 우주 산업의 주력 공급자가 되는 일 사이에는 생각보다 두꺼운 벽이 있었다. 발사체는 결국 기술이 아니라 신뢰의 문제였고, 신뢰는 "성공했습니다"라는 선언이 아니라 계약서에 찍힌 일정으로만 쌓였다. 여기서부터 성공의 의미도 달라진다. 성공은 더 이상 뉴스가 아니라 전제 조건이 된다. 단 한 번의 미끄러짐이 "이 회사는 아직 위험하다"는 라벨로 돌아오는 세계. 머스크는 그 세계로 들어가야만 스페이스X가 주변부에서 빠져나올 수 있다는 걸 알고 있었다.

머스크가 다음으로 겨눈 것은 기술 시연이 아니었다. NASA와의 계약이었다.

2010년대 초, 미국 우주 정책은 전환점에 서 있었다. 셔틀 프로그램이 종료되면서 국제우주정거장(ISS)으로 화물을 보내는 정기 수단이 사라졌다. NASA는 더 이상 모든 것을 직접 개발하고 운용하는 방식이 지속 가능하지 않다고 판단했고, 민간 기업에게 일부 역할을 넘기기 시작했다. 단, 조건은 까다로웠다. 실패하면 변명은 통하지 않았다.

머스크는 이 구조를 기회로 봤다. 국가 프로젝트의 하청이 아니라, 국가가 의존할 수밖에 없는 공급자가 되는 길이었다. 그는 화성이나 탐사를 이야기하지 않았다. 대신 ISS에 정해진 날짜에, 정해진 화물을, 정해진 규격으로 보내겠다고 제안했다. 야심보다 일정이 앞서는 제안이었다.

여기서 중요한 전환이 일어났다. 스페이스X는 더 이상 혁신적인 회사가 아니라 약속을 지켜야 하는 회사가 되었다. 발사는 실험이 아니라 납기였고, 성공률은 홍보 문구가 아니라 계약 조건이었다. 머스크는 회사를 스스로 가장 불리한 위치로 밀어 넣었다.

2012년 5월 Dragon 캡슐이 Falcon 9에 실려 발사되었다. 며칠 뒤 ISS와의 도킹에 성공했다. 이는 단순한 기술적 성취가 아니었다. 민간 기업이 국제우주정거장에 화물을 보내고, 다시 지구로 귀환시키는 전 과정을 완수한 첫 사례로 기록되었다.

이 순간부터 스페이스X는 달라졌다. 될 수도 있는 회사에서 맡길 수 있는 회사로 분류되기 시작했다. NASA는 이후 정기적인 화물 운송 계약을 체결했고, 발사는 이벤트가 아니라 일정으로 편입되었다. 지연은 비용이 되었고, 실패는 신뢰 손실로 직결되었다.

머스크는 이 구조를 일부러 택했다. 계약이 걸리는 순간, 조직은 변한다. 엔지니어의 기준이 '가능한가'에서 '지켜야 하는가'로 바뀌고, 의사결정은 멋보다 안정성을 우선하게 된다. 그는 회사를 실험실에서 물류 회사로 옮겨놓았다.

민간 화물 운송은 수익 규모만 보면 화려하지 않았다. 그러나 이 계약이 가져온 것은 돈보다 훨씬 컸다. 반복 발사를 통해 신뢰 데이터를 쌓을 수 있었고, 발사 빈도가 늘어나면서 비용 구조도 급격히 개선되었다. 무엇보다 '국가가 정기적으로 쓰는 발사체'라는 든든한 지위가 생겼다.

이후의 모든 확장은 여기서 가능해졌다. 유인 우주비행, 재사용 로켓, 스타링크(Starlink)까지 모두 '화물 운송'이라는 지루한 계약에서 시작되었다. 그는 우주를 바꾸겠다고 말하지 않고, 우주로 물건을 보내겠다고 말했을 뿐이다. 그 단순한 약속이, 민간 우주 산업의 기준을 바꾸는 출발점이 되었다.

★ 머스크의 이 결정 이후 — NASA 화물 계약이 안정적으로 이행되면서 민간 기업이 국가 우주 인프라의 정기 운용을 맡는 구조가 고착되었고, 발사체 경쟁은 기술 과시보다 납기·가격·신뢰성을 중심으로 재편되기 시작했다.

18 Model S를 출시하며 전기차의 기준을 바꾸다

2012년 무렵 전기차는 여전히 '착한 차'에 가까웠다. 환경을 위해 타는 선택, 혹은 기술 데모의 연장선. 조용하고 매끈하지만 느리고 비싸며, 무엇보다 대중의 기준에는 못 미친다는 평가가 지배적이었다. 전기차를 좋아하는 사람은 있어도, 전기차를 기준으로 삼는 사람은 많지 않았다.

머스크는 그 기준을 정면으로 뒤집고 싶어 했다. 전기차를 보급하려면 '전기차도 충분하다'가 아니라 '내연기관이 뒤처졌다'는 감각을 만들 필요가 있다고 봤다. 그는 전기차를 타협의 상품이 아니라 비교 불가능한 상위 제품으로 시작하려 했다. 친환경을 앞세우면 전기차는 늘 '참는 선택'

으로 남는다. 대신 성능과 경험을 앞세우면, 사람들은 기꺼이 넘어온다. 그게 그의 계산이었다.

Model S는 그 계산을 실물로 만든 차였다. 단순히 새 차를 내는 것이 아니라, '전기차가 어떤 차여야 하는가'라는 기준을 다시 쓰는 시도였다. 머스크는 이 차를 전기차로 설명하기보다 좋은 차로 설명하려 했다. 빠르고, 조용하고, 매끈하고, 업데이트되는 차. 전기라는 동력원은 특징이 아니라 전제였다.

그가 특히 집착한 건 배터리와 소프트웨어였다. 내연기관 시대의 자동차는 엔진과 변속기가 중심이었다. 하지만 Model S는 그 중심을 바꿨다. 배터리가 바닥에 깔리면서 무게 중심이 내려갔고, 차체의 설계가 달라졌다. 기존 자동차 문법으로는 만들 수 없던 공간과 비율이 나왔다. 머스크는 "전기차는 엔진이 없는 차가 아니라, 다른 플랫폼이다"라고 밀어붙였다.

그리고 플랫폼의 핵심은 소프트웨어였다. Model S는 단순히 출고 시점에 완성되는 제품이 아니었다. 시간이 지나며 바뀌고, 개선되고, 기능이 추가되는 제품이 되었다. 머스크는 자동차를 가전처럼 팔고 끝내지 않으려 했다. 자동차를 네트워크에 연결된 기계로 만들면, '다음 모델'이 아니라 '다음 업데이트'로 경쟁할 수 있다. 그 순간 제조업의 속도가 달라진다.

시장 반응은 빠르게 갈라졌다. 어떤 사람들은 "비싸고 위험한 실험"이라고 봤고, 어떤 사람들은 "이제 자동차가 이렇게 바뀌는구나"라고 받아들였다. 중요한 건 논쟁이 아니라 비교 기준이 바뀌기 시작했다는 점이었다. 이전까지 전기차는 내연기관차의 보조재였지만, Model S 이후 전기차는 비교 대상이 아니라 기준 후보가 되기 시작했다.

머스크는 성능을 증명으로 사용했다. 전기차는 친환경이지만 느리다는 통념을 부수기 위해 빠름을 앞세웠다. "전기차도 달릴 수 있다"가 아니라 "이 정도로 달릴 수 있다"를 보여주는 방식이었다. 그때부터 논쟁의 질문이 바뀌었다. "전기차가 가능하냐"에서 "언제 전기차로 바뀌냐"로.

Model S의 출시가 의미 있었던 건 테슬라가 차를 잘 만들었다는 사실 때문만은 아니었다. 그보다 더 큰 변화는 전기차를 둘러싼 변명이 사라졌다는 것이다. 전기차는 이제 불편을 감수하는 윤리적 선택이 아니라 더 나은 선택이 될 수 있다는 증거가 생겼다. 증거가 생기면 산업은 움직인다.

이후 경쟁사들은 전기차를 '라인업의 한 모델'이 아니라 '미래의 중심'으로 다루기 시작했다. 배터리 공급망을 확보하고, 소프트웨어 조직을 만들고, 충전 인프라를 고민해야 했다. 전기차는 구호가 아니라 전략이 되었다. Model S는 자동차 산업이 미래로 넘어가는 시간을 앞당긴 촉매였다.

머스크 입장에서도 Model S는 제품 이상의 의미를 가졌다. 테슬라는 '전기차 스타트업'이라는 수식어를 벗어야 했다. 한 번의 히트가 아니라 기준을 만든 회사로 바뀌어야 했다. Model S는 그 변환의 첫 증거였다. 전기차를 팔았다기보다, 전기차 시대의 문법을 팔기 시작한 것이다.

★ 머스크의 이 결정 이후 — 2012년 Model S의 성공 이후 전기차 경쟁은 '연비 좋은 보조 수단'에서 프리미엄 주력 플랫폼'으로 무게 중심이 이동했고, 주요 완성차들은 배터리·소프트웨어를 핵심 역량으로 재편하기 시작했다. 동시에 OTA와 충전 인프라가 자동차 경쟁의 본체로 올라오면서 '차를 팔고 끝나는 산업'이라는 전제가 흔들리기 시작했다.

19 부스터가 회수되지 않으면 발사 실패로 간주하다

로켓 발사는 오랫동안 단순한 게임이었다. 궤도에 올리면 성공, 폭발하면 실패였다. 로켓이 어디로 떨어지는지는 중요하지 않았다. 임무는 위성을 보내는 순간 끝났고, 1단 부스터는 비용으로 소모되는 부품일 뿐이었다.

머스크는 이 기준을 문제 삼았다. 그는 어느 순간부터 내부 회의에서 이렇게 말했다. "부스터가 돌아오지 않으면, 그 발사는 성공이 아닙니다"

이 말은 기술 목표가 아니라 판정 기준의 변경이었다. 궤도 진입에 성공해도, 위성이 정확히 배치돼도, 정작 1단 부스터가 회수되지 않으면 실패로 기록하겠다는 선언이었다.

기존 우주 산업의 언어로는 이해하기 어려운 기준이었다. 성공한 발사를 굳이 실패로 취급할 이유가 없어 보였기 때문이다. 하지만 머스크가 보고 있던 핵심은 발사 성공률이 아니었다. 핵심은 반복 가능성이었다.

한 번 쓰고 버리는 로켓 구조에서는 비용이 내려가지 않는다. 발사 빈도는 제한되고, 일정은 늘 불안정하다. 아무리 기술이 좋아도 우주는 국가와 소수 기관의 영역에 머물 수밖에 없다. 머스크는 이 병목이 기술이 아니라 성공의 정의에 있다고 봤다.

그래서 그는 성공의 기준을 의도적으로 끌어올렸다. 발사는 절반짜리 임무였고, 진짜 임무는 귀환이었다. 1단 부스터가 분리된 뒤 방향을 틀고, 재점화하고, 착륙 지점 위에 서는 순간까지가 하나의 발사였다.

이 기준은 내부적으로도 가혹했다. 부스터 회수를 전제로 하면 연료를 남겨야 하고, 구조를 강화해야 하며, 착륙 장비를 추가해야 한다. 그 모든 선택은 탑재 중량을 줄이고 실패 확률을 높인다. 업계의 상식으로는 "굳이 하지 않아도 되는 위험"이었다.

실제로 결과는 처참했다. 부스터는 바다에 떨어졌고, 착륙 직전 넘어졌으며, 폭발했다. 외부에서는 "스페이스X는 왜 성공한 발사를 실패라고 부르느냐"는 비아냥이 이어졌다. 성공률은 오히려 낮아 보였다.

하지만 이 실패들은 모두 같은 방향을 가리키고 있었다. 회수 실패는 매번 다른 이유였고, 그 이유는 모두 데이터로 남았다. 머스크는 실패를 줄이려 하지 않고, 실패를 수렴시키는 쪽을 택했다.

2015년 12월 마침내 첫 지상 착륙이 성공한다. Falcon 9의 1단 부스터가 발사 후 분리되어 방향을 틀고, 재점화하고, 착륙 다리로 서는 장면은 전 세계로 중계되었다. 이 장면은 '멋있는 성공'으로 소비되었지만, 머스크에게 더 중요한 건 다른 점이었다. 이제부터 성공이 가능해졌다는 사실이었다.

부스터 회수는 단발 이벤트가 아니었다. 이후 스페이스X는 같은 부스터를 다시 띄우고, 또 다시 회수한다. 성공의 기준을 바꿔놨기 때문에, 성공은 반복될 수밖에 없었다. 한 번 회수에 성공한 회사는 두 번, 세 번, 열 번도 성공하게 된다.

이 결정이 만든 변화는 치명적이었다. 발사 비용이 급격히 떨어졌고, 발사 빈도가 늘었으며, 스케줄은 안정되었다. 경쟁사들은 여전히 '한 번의 완벽한 발사'를 목표로 삼고 있었지만, 스페이스X는 '열 번의 재사용'을 기준으로 움직였다. 게임의 룰이 달라진 것이다.

중요한 건, 이 모든 변화가 기술에서 시작되지 않았다는 점이다. 판정표를 고친 것이 먼저였다. 머스크는 늘 그렇듯, 문제를 해결하지 않았다. 문제를 더 어렵게 만들었다. 성공의 조건을 높여버림으로써, 기존 방식이 더 이상 성공으로 보이지 않게 만들었다. 그리고 그 불가능해 보이는 기준을 집요하게 현실로 끌어내렸다.

로켓이 착륙했기 때문에 역사가 바뀐 게 아니다. 머스크가 "착륙하지 않으면 실패"라고 선언했기 때문에 역사가 바뀌었다.

★ 머스크의 이 결정 이후 — 발사체 산업에서 성공률은 단순한 궤도 진입이 아니라 재사용 횟수로 평가되기 시작했고, 차세대 로켓 설계에서 부스터 회수는 선택이 아니라 전제가 되었다. 이후 등장한 발사체들은 모두 이 기준을 피할 수 없게 되었다.

20 배터리를 자동차 부품에서 산업의 중심으로 옮기다

전기차를 만든다는 건 배터리를 쓰는 일처럼 보였다. 머스크는 그 관점을 뒤집었다. 배터리는 쓰는 부품이 아니라 지배해야 할 산업이라고 봤다.

초기 테슬라는 배터리를 외부에서 조달했다. 노트북용 원통형 셀을 개조해 쓰는 방식이었다. 이 선택은 실용적이었지만, 머스크에게는 임시방편에 불과했다. 전기차의 성능, 가격, 생산 속도는 모두 배터리에 종속되어 있었고, 배터리를 외주에 맡긴다는 건 자동차의 심장을 남의 손에 맡기는 일이었다.

머스크가 문제 삼은 건 단순한 원가가 아니었다. 배터리는 전기차의 주행거리, 가속, 안전성, 수명, 가격을 동시에 결정한다. 그런데 이 핵심 요소가 공급망의 가장 느린 부분에 묶여 있었다. 그는 전기차 경쟁이 결국 "누가 더 좋은 차를 만드느냐"가 아니라 "누가 배터리를 통제하느냐"로 수렴할 것이라고 판단했다.

그래서 테슬라는 자동차 회사답지 않은 결정을 내린다. 배터리 셀, 모듈, 팩 설계에 직접 개입하기 시작했고, 화학 조성과 제조 공정까지 손을 뻗었다. 이는 완성차 업체의 역할 범위를 명백히 벗어난 선택이었다. 대부분의 자동차 회사는 배터리를 구매한다. 머스크는 배터리를 설계 대상으로 끌어올렸다.

이 결정의 전환점은 2014년 이후 가속된다. 테슬라는 기가팩토리를 통해 배터리를 '공급받는 부품'에서 '대량 생산되는 산업 제품'으로 바꾸려 했다. 배터리 생산을 자동차 생산과 같은 리듬으로 맞추겠다는 발상이었다. 배터리가 병목이 되지 않게 만드는 것이 목표였다.

여기서 중요한 변화가 일어난다. 배터리는 더 이상 전기차만의 문제가 아니게 된다. 에너지 저장, 전력망 안정화,

태양광 연계까지 연결되면서 배터리는 이동 수단을 넘어 에너지 인프라의 핵심 단위로 확장된다. 머스크는 배터리를 차에 들어가는 부품이 아니라 전기를 저장하는 기본 단위로 재정의했다.

머스크의 인식 전환은 사업 구조에도 영향을 미쳤다. 테슬라는 배터리를 차량용과 에너지용으로 나누지 않았다. 같은 기술, 같은 셀, 같은 생산 라인을 공유했다. 자동차 판매량이 늘면 배터리 기술이 축적되고, 그 축적은 다시 에너지 사업으로 흘러갔다. 산업 간 경계가 흐려지기 시작했다.

머스크가 배터리를 산업의 중심으로 옮긴 이유는 단순했다. 에너지 흐름을 장악하면, 이동과 생산을 동시에 통제할 수 있기 때문이다. 석유 시대에는 연료 공급망이 산업의 중심이었다. 전기 시대에는 배터리가 그 자리를 대신한다. 그는 이 중심을 남에게 맡길 생각이 없었다.

이 결정은 리스크가 컸다. 배터리 공장은 초기 투자 비용이 막대하고, 수익 회수까지 오래 걸린다. 기술 변화도 빠르다. 잘못된 화학 조성 하나가 수년의 투자를 무용지물로 만들 수 있다. 그럼에도 머스크는 외주보다 통제를 택했다.

결과적으로 테슬라는 배터리 단가를 빠르게 낮출 수 있었고, 차량 가격과 마진을 동시에 관리할 수 있는 구조를 만들었다. 경쟁사들이 배터리 공급 부족에 흔들릴 때, 테슬라는 상대적으로 안정적인 생산 곡선을 유지했다. 배터리가 병목이 되지 않는 회사는 전략 선택의 폭이 넓어졌다.

이 결정은 테슬라의 정체성을 바꿨다. 자동차 회사라기보다 에너지와 이동을 동시에 다루는 플랫폼에 가까워졌다. 배터리는 그 중심에 놓였다. 차가 멈추면 배터리는 남고, 공장이 멈춰도 배터리는 쌓인다. 산업의 기준점이 바뀐 것이다.

머스크는 배터리를 혁신했다고 말하지 않았다. 그는 배터리를 중앙으로 옮겼다. 주변에 있던 것을 핵심으로 끌어올렸고, 핵심을 직접 다루겠다고 결정했을 뿐이다.

★ 머스크의 이 결정 이후 — 전기차 경쟁은 주행 성능보다 배터리 확보 능력과 단가 관리로 이동했고, 배터리는 자동차·에너지·전력망을 동시에 좌우하는 산업의 기준점으로 자리 잡기 시작했다.

21 공장을 비용이 아니라 기술로 정의하다

업계에서 공장은 보통 비용이다. 땅을 사고, 설비를 깔고, 사람을 넣고, 감가상각을 계산하는 항목으로 가능한 한 효율적으로 굴려야 하는 고정비의 덩어리다. 하지만 머스크는 공장을 회계 항목이 아니라 제품을 만드는 기계, 더 정확히는 기술 그 자체로 봤다.

이 관점이 본격적으로 드러난 건 Model 3 양산을 준비하던 2016~2017년 무렵이다. 전기차 회사들이 "좋은 차를 만들고, 수요가 생기면 생산을 늘리자"라고 말하던 시기에, 머스크는 반대로 움직이며 말했다. "차를 많이 팔려면 공장이 먼저 바뀌어야 한다"

그는 설계도를 차체가 아니라 공장 쪽으로 펼쳐놓고, 제조를 후방 공정이 아니라 핵심 경쟁으로 끌어올렸다. 여기서 머스크의 계산은 단순했다. 자동차는 이미 성능이 상향 평준화되는 산업이다. 배터리와 소프트웨어로 차별화를 하더라도, 결국 승부는 누가 더 많이, 더 싸게, 더 일정하게 찍어내느냐로 귀결된다. 그때 경쟁자가 되는 건 다른 브랜드가 아니라 생산 능력 자체다. 그래서 그는 제품 라인업을 늘리기 전에 공장의 리듬을 먼저 바꾸려 했다.

공장을 기술로 보는 순간, 질문이 달라진다. "이 공장은 왜 느린가?"가 아니라 "이 공장은 어떤 알고리즘으로 움직이는가?"가 된다. 머스크는 공정을 인간의 숙련에 맡기는 것을 가장 큰 병목으로 봤다. 사람은 빠르지만 흔들리고, 숙련은 비싸고, 교대는 끊기며, 품질은 편차가 생긴다. 반대로 공정이 자동화되면 느릴 수도 있지만, 한 번 고치면 전 세계 어디서든 복제할 수 있다.

그는 생산을 '기술로 복제 가능한 영역'으로 바꾸고 싶어 했다. 그래서 나온 결론이 "공장이 곧 제품이다"라는 머스크의 말이다. 이 말은 멋을 부리기 위한 선언이 아니었다.

제조업에서 가장 비싼 실수가 무엇인지 아는 사람의 문장이다. 제품을 1% 개선하는 것보다 공정의 병목을 1% 줄이는 게 훨씬 큰 숫자로 돌아온다.

머스크는 차의 개선이 아니라 공정의 개선이 복리로 쌓이는 지점을 노렸다. 하지만 그 결정은 곧바로 부메랑이 되었다. 2017년부터 이어진 Model 3의 이른바 '생산 지옥'은 이 관점이 얼마나 잔인한지 보여준다. 자동화를 밀어붙이면 초기엔 항상 망가진다. 센서가 틀어지고, 로봇이 멈추고, 부품이 엉키고, 라인이 서면 연쇄적으로 전체가 멈춘다.

전통적인 자동차 회사들은 이런 구간에서 자동화 강도를 낮추고 사람을 더 넣는다. 머스크는 반대로 갔다. 라인이 멈춘 이유를 '사람이 부족해서'가 아니라 '공정 설계가 잘못돼서'로 봤다.

이때 머스크가 실제로 한 결정은 자동화라는 단어보다 더 구체적이다. 공정을 조립이 아니라 흐름으로 설계하려 한 것이다. 부품이 어디서 들어오고, 어디서 병목이 생기고, 어떤 단계에서 대기열이 쌓이는지. 공장이 하나의 물류 시스템처럼 움직이도록 재설계했다. 자동차 제조를 공장 밖의 공급망까지 포함한 동기화 게임으로 만든 셈이다.

이 지점에서 테슬라의 제조 철학이 다른 회사들과 갈라진다. 전통 제조는 완성된 설비를 구매해 운영한다. 반면 테슬라는 설비를 개발해 학습한다. 그래서 운영팀이 아니라 엔지니어링 팀이 공장을 만지는 구조가 만들어진다. 라인이 멈추면 생산팀이 아니라 기술팀이 들어간다. 그 과정에서 공장은 더 이상 비용이 아니라 지식 축적 장치가 된다.

머스크가 공장에 집착한 이유는, 제품 하나보다 공장 하나가 더 오래 남기 때문이다. 공장을 기술로 정의하면, 확장 방식도 달라진다. 공장을 많이 짓는 게 아니라, 공장 설계 자체를 버전업한다. 한 공장에서 배운 것을 다음 공장에 그대로 이식한다. 테슬라가 여러 지역에 공장을 늘려가면서도 같은 제품을 만드는 법이 아니라 같은 공정을 복제하는 법에 집중한 것도 이 연장선이다.

★ 머스크의 이 결정 이후 — 자동차 업계의 경쟁은 차를 얼마나 잘 설계하느냐에서 제조 시스템을 얼마나 빨리 버전업하느냐로 이동했고, 공장은 더 이상 후방 비용이 아니라 기업의 기술력과 속도를 증명하는 전면 무대로 올라오기 시작했다.

22 특허를 풀어 표준을 먼저 차지하다

2014년 6월 머스크는 테슬라 홈페이지에 짧은 글을 올렸다. 전기차 업계가 가장 예민하게 지켜보던 '특허'를, 테슬라가 소송으로 지키지 않겠다는 내용이었다. 실제로 그는 이렇게 선언했다. "선의로 사용하는 한, 테슬라는 특허 소송을 제기하지 않겠다"

자동차 산업에서 특허는 방패이자 칼이다. 기술을 보호하는 도구이면서, 경쟁사를 지연시키는 무기다. 특히 배터리·모터·충전·파워일렉트로닉스처럼 핵심이 얽힌 전기차에서는 더 그렇다. 그걸 스스로 내려놓겠다는 말은, 겉으로는 관대해 보이지만 내부적으로는 아주 계산적인 선택이다.

당시 테슬라는 지금처럼 대세가 아니었다. Model S가 2012년에 나온 뒤 반응이 좋았지만, 전기차 시장 자체가 작았고 충전 인프라는 빈약했다. 경쟁사들은 "전기차는 틈새"라고 말하며 대형 투자를 미뤘다.

머스크가 보기엔 그게 진짜 문제였다. 테슬라가 혼자서 전기차를 잘 만들어봤자, 시장이 작으면 공급망도, 부품 생태계도, 충전 표준도 커지지 않는다. 시장이 작으면 배터리 단가는 내려가지 않고, 충전소는 안 깔리며, 소비자는 불안해한다. 결국 테슬라의 성장도 병목에 걸린다.

그래서 머스크는 특허를 '지키는 자산'이 아니라 '시장 크기를 키우는 도구'로 봤다. 그가 풀고 싶었던 건 기술이 아니라 속도였다. 전기차가 빨리 커져야 테슬라가 빨리 커진다. 혼자 앞서 달리는 것보다, 판 자체를 당겨오는 것이 이득이라고 본 것이다.

머스크는 "우리의 진짜 경쟁자는 다른 전기차 회사가 아니라 내연기관 전체"라고 못 박았다. 전기차 회사끼리 싸우며 파이를 나누는 게 아니라 내연기관 파이를 뺏어오려면 전기차 전체가 커져야 했다.

이 결정의 핵심은 기술 유출을 감수하는 것이 아니라 표준 선점이다. 표준을 잡으면, 경쟁이 시작될 때 이미 유리한 지형이 깔린다. 충전 규격, 배터리 팩 구조, 안전 기준, 공급망 사양 같은 것들은 한 번 굳으면 쉽게 안 바뀐다. 머스크는 특허를 방어선으로 쌓는 대신, 업계가 따라오게 만들고 싶어 했다. 따라오면 테슬라 방식이 기준이 되고, 기준이 되면 테슬라가 빠르다.

또 하나의 냉정한 계산은 인재와 자본이었다. 2014년 무렵 전기차 업계는 '재밌는 실험'으로는 인정받았지만 '인생을 걸 산업'으로는 아직 취급받지 못했다. 머스크는 업계를 키우면, 배터리 엔지니어·전력전자·소프트웨어 인재가 더 몰린다는 걸 알고 있었다. 투자금도 마찬가지다. 전기차가 '가능한 미래'가 아니라 '지금 가는 길'이 되는 순간, 돈과 사람이 움직인다. 그는 테슬라만 키우려 한 게 아니라 테슬라가 성장하기 좋은 환경을 키우려 했다.

물론 이 결정은 위험한 결정이었다. 특허는 협상 카드다. 공급사와 가격을 깎을 때도, 경쟁사와 교차 라이선스를 할 때도, 소송을 막을 때도 쓰인다. 그 카드를 내려놓으면, 단기적으로는 방어력이 떨어진다. 머스크가 이 위험을 감수한 이유는 하나였다. 전기차 시대는 누가 더 좋은 기술을 갖고 있느냐보다 누가 더 빨리 대량으로 굴리느냐로 결판날 거라고 봤기 때문이다. 기술은 복사될 수 있지만, 제조와 실행 속도는 복사하기 어렵다.

이 결정이 특히 머스크답게 보이는 지점은, 그가 손해를 보는 것처럼 보이는 행동을 종종 레버리지로 쓴다는 점이다. 특허를 풀면, 겉으론 테슬라가 무장해제한 것처럼 보인다. 하지만 실제로는 전기차 업계를 앞으로 끌어당기는 신호탄이 된다. 그는 경쟁사를 약화시키는 대신, 경쟁사를 참전시키는 쪽을 택했다. 경쟁이 붙으면 판이 커지기 때문이다. 테슬라 특허 공개는 그래서 도덕적 제스처라기보다 산업을 한 단계 앞당기는 압박이었다.

★ 머스크의 이 결정 이후 — 2014년 이후 주요 완성차들이 전기차 전환 시점을 앞당기고 배터리·충전 생태계 투자를 확대하면서, "전기차는 틈새"라는 말은 점점 설득력을 잃었다. 동시에 "특허보다 표준과 생산능력이 승부를 가른다"는 인식이 커지며, 전기차 경쟁은 기술 방어전에서 산업 확장전으로 성격이 바뀌기 시작했다.

23 인공지능을 통제하기 위해 OpenAI를 만들다

2015년 12월 머스크는 테슬라 CEO라는 직함과 전혀 어울리지 않는 발표에 이름을 올렸다. OpenAI. 인공지능 연구 조직의 설립이었다. 겉으로 보기엔 자선 활동처럼 보였다. 하지만 머스크의 결론은 늘 선의로 끝나지 않는다. 그는 이걸 연구소로 세우지 않고, 통제 장치로 세웠다.

그 무렵 실리콘밸리의 공기는 달라지고 있었다. 딥러닝이 성과를 내기 시작했고, AI는 '언젠가'가 아니라 '곧'의 문제가 되었다. 구글은 2014년 1월 딥마인드를 인수했다. 경쟁은 연구실에서 기업의 전쟁으로 옮겨갔다. 머스크는 그 흐름을 기술 발전으로 보지 않고, 권력의 집중으로 봤다. 계산은 간단했다. 연산과 데이터와 인재가 특정 회사에 쏠리면, AI는 기술이 아니라 지배 구조가 된다.

머스크는 이때부터 종종 같은 톤으로 말한다. "AI는 인류에 대한 가장 큰 실존적 위협이다" 그리고 더 자극적으로도 말했다. "악마를 불러내는 것과 비슷하다"

대중은 이 발언을 과장으로 소비했지만, 머스크의 머릿속에선 다른 항목과 연결되어 있었다. 테슬라의 자율주행, 로봇, 데이터, 그리고 연산. 그는 스스로도 AI 전쟁의 한가운데로 들어갈 사람이었다. 그런데 동시에 그 전쟁이 한 회사의 독점으로 굳어지는 건 원치 않았다. "내가 뛰어드는 판이더라도, 판 자체가 잠기면 위험하다"는 종류의 공포였다.

OpenAI를 만든 결정은 그래서 "AI를 더 빨리 만들자"가 아니라, "AI가 누구 손에 들어가는지 바꾸자"에 가까웠다. 그의 문제의식은 기술보다 구조였다. 독점이든 국가든, 닫힌 통제든 — AI가 어느 한 축에 고정되는 순간 선택지가 사라진다. 선택지가 사라지면, 사회가 협상할 여지가 없다. 머스크는 그런 상황을 싫어한다. 그는 늘 싸움판을 크게 벌이되, 한쪽이 판을 잠그는 것은 싫어한다.

2015년 말 OpenAI의 설립 방식은 그 의도를 노골적으로 드러냈다. '오픈'이라는 이름, 비영리로 출발했다는 점, 그리고 "AI 연구 성과를 널리 공유하겠다"는 메시지. 당시 발표는 "안전하고 유익한 AI"를 표방했지만, 그 문장 아래엔 실리콘밸리 내부자들이 알아듣는 뜻이 있었다. "구글만 가지게 두지 않겠다"

머스크는 OpenAI를 반(反)딥마인드처럼 움직이게 하려 했다. 단순히 연구를 하는 조직이 아니라 인재를 끌어모으는 깃발이 필요했다. AI 인재 시장은 한정되어 있다. 최고 인재가 한 회사로 몰리면 다른 회사는 느려진다. 느려지면 독점이 굳는다. 굳으면 통제는 협상 대상이 아니라 사실이 된다. 그래서 그는 조직의 슬로건을 윤리로만 두지 않고, 개방과 공유를 내세워 인재를 모으는 구조를 택했다.

여기엔 머스크 특유의 모순도 섞여 있었다. 그는 '오픈'을 말하지만, 동시에 통제를 말한다. 그런데 그 모순이 바로 이 결정의 동력이다. 그는 AI를 멈추길 원한 적이 없다. 오히려 "어차피 가는 길이라면, 위험이 덜한 구조로 가야 한다"고 본다. 그래서 OpenAI는, 이상주의적 연구소라기보다 판을 흔드는 조직이었다. 그는 AI가 국가와 기업의 다음 주력 산업이 된다는 것을 이미 알고 있었고, 그 산업이 한 회사의 방에서 완성되는 것을 막고 싶었다.

OpenAI 설립이 특히 인상적인 건, 머스크가 당시 이미 자동차·로켓·에너지로 과부하 상태였다는 점이다. 그럼에도 그는 판을 하나 더 만든다. 다만 그 판은 돈을 벌기 위한 신사업이 아니라 앞으로의 판 전체가 잠길 때를 대비한 전략적 안전장치에 가까웠다.

기술이 커질수록, 통제는 기술 바깥에서 결정된다. 법과 자본과 인재와 연산이 통제한다. 머스크는 그 통제 장치들을 기술자 손에서 놓치지 않으려 했고, 그 첫 움직임이 2015년 12월이었다.

★ 머스크의 이 결정 이후 — 2015년 말 이후 AI 연구는 특정 기업의 내부 경쟁을 넘어 '공공성·안전·거버넌스' 논쟁을 동반하는 산업 이슈로 급격히 커졌고, '개방 vs 독점' 프레임이 기술 담론의 한 축으로 굳기 시작했다. 동시에 OpenAI의 등장은 빅테크 중심으로 쏠리던 인재·투자 흐름에 균열을 내며, AI 경쟁이 연구 성과만이 아니라 조직 구조와 배포 방식까지 포함한 싸움으로 확장되는 계기가 되었다.

24 태양광과 에너지를 자동차와 묶다

2016년 10월, 머스크는 테슬라의 발표 무대에서 자동차 이야기 대신 태양광 지붕을 올렸다. 그리고 그 옆에 배터리를 세웠다. 그가 꺼낸 그림은 단순했다. 집이 전기를 만들고, 저장하고, 쓰고, 남는 전기로 차까지 굴리는 구조였다. "전기차 회사가 왜 지붕을 파느냐"는 조롱이 나왔지만, 머스크는 사업 영역을 넓힌 게 아니라 경계를 지웠다.

그때 테슬라는 중요한 시기에 있었다. Model 3를 공개했고(2016년 3월), '대중차'의 약속을 받아냈지만 그 약속을 지키는 건 다른 문제였다. 생산이 폭증하면 전력 수요도 폭증한다. 전기차가 많아질수록 충전 인프라와 전력망의 부담이 커진다. 자동차만 팔아서는 전환을 끝낼 수 없다. 머스크가 보기에 전기차는 제품이 아니라 에너지 시스템의 말단이었다. 말단을 바꾸려면 몸통을 바꿔야 한다.

그래서 2016년 그는 SolarCity를 테슬라로 합병하겠다고 밀어붙인다(2016년 6월 제안, 11월 주주 승인). 태양광 회사와 자동차 회사를 한 덩어리로 묶는 결정이었다. 반대는 거셌다. SolarCity는 머스크의 사촌들이 운영했기에, 이해상충 논란은 거의 자동으로 발생했다. 하지만 머스크는 멈추지 않았다. 논란을 잠재우기 위해 조용히 처리하는 대신, 정면으로 합병안을 올려놓고 통과시키는 방식을 택했다.

그가 보기에 태양광은 옆 사업이 아니었다. 자동차가 전기를 먹는 순간, 전기가 어디서 오는지가 제품 경쟁의 일부가 된다. 전기차가 늘어도 전기가 석탄에서 오면, 전환의 명분이 약해진다. 전기요금이 흔들리면 소비자는 불안해진다. 전력망이 막히면 충전이 병목이 된다. 머스크는 병목을 남에게 맡기지 않는 쪽으로 움직여왔다. 배터리 내재화, 슈퍼차저, 기가팩토리의 연장선에서 태양광은 너무나 자연스러운 다음 조각이었다.

이 결정을 이해하려면, '왜 하필 그때냐'가 중요하다. 2016년은 기후 담론이 급격히 전면화되던 시기였고, 재생에너지는 정책과 금융의 중심으로 들어오고 있었다. 하지만 산업적 관성도 컸다. 가정용 태양광은 설치가 번거롭고, 판매·금융·시공이 분리되어 있어 고객 경험이 엉망이었다. 전력은 여전히 유틸리티가 지배했고, 개인은 '요금표를 받아내는 소비자'로 남아 있었다. 머스크는 여기서 기회를 봤다.

그가 내놓은 답은 "따로 팔지 말자"였다. 태양광 패널을 파는 회사, 배터리를 파는 회사, 차를 파는 회사가 각자 따로 움직이면 고객이 조립해야 한다. 고객이 조립하는 구조는 보급 속도를 늦춘다. 그래서 그는 한 회사 안에서 하나의 패키지로 묶으려 했다. 지붕이 발전하고, 벽에 배터리가 달리고, 차가 그 전기를 먹는다. '통합'은 보기 좋으라고 하는 말이 아니라, 고객의 결정을 단순화하는 장치다.

머스크는 이런 식의 말을 자주 한다. "미래는 지속가능한 에너지다" 하지만 여기서 더 현실적인 한 줄이 붙는다. "지속가능성은 도덕이 아니라 경제성으로 굴러가야 한다" 태양광이 예쁘고 착해도, 설치가 번거롭고 회수가 느리면 확산되지 않는다. 그래서 태양광 지붕은 패널이 아니라 지붕이어야 했다. 패널을 얹는 건 추가 비용처럼 느껴지지만, 지붕을 바꾸는 건 원래 하는 지출로 느껴진다.

물론 이 결정은 깔끔하지 않았다. 태양광 지붕은 기대만큼 빨리 양산되지 않았고, SolarCity 합병은 오랫동안 논쟁의 대상이 되었다.

이 결정의 진짜 효과는 시간이 지나며 드러난다. 전기차가 보급될수록 전력망의 부담이 커지고, 언제 충전하느냐가 새로운 문제로 떠올랐다. 태양광과 배터리는 단독으로는 불편하지만, 차와 묶이면 거대한 유연성 자원이 된다. 머스크는 전기차를 통해 배터리를 대중화했고, 배터리를 통해 전력의 시간표를 바꾸려 했다.

★ 머스크의 이 결정 이후 — 차를 얼마나 잘 만드느냐 못지않게 전기를 어떻게 만들고 저장해 비용을 낮추느냐가 산업 경쟁의 한 축으로 떠올랐고, 자동차·배터리·발전이 하나의 공급망으로 엮이기 시작했다. 또한 테슬라의 SolarCity 합병은 기술 기업이 유틸리티 영역으로 들어오는 신호탄이 되며, 가정용 에너지(태양광·저장·충전)를 패키지로 설계하는 모델이 시장의 중요한 실험 대상으로 굳어졌다.

25 뇌를 인터페이스로 쓰는 회사를 만들다

2016년 7월 머스크는 자동차도 로켓도 아닌 회사를 하나 더 꺼냈다. 사람의 뇌에 칩을 심는 회사, 뉴럴링크(Neuralink)였다. 반응은 즉각 갈렸다. “또 하나의 과장”이라는 냉소, “이번엔 너무 위험하다”는 거부감이 교차했다. 그는 그 반응을 모를 리 없었다.

머스크가 이 회사를 의료기기 스타트업으로만 설명했다면 여기까지 시끄럽지 않았을 것이다. 하지만 그는 인터페이스를 말했다. 사람이 기계와 소통하는 방식이 너무 느리다는 불만이었다. 손으로 두드리고, 눈으로 읽고, 귀로 듣는 방식은 대역폭이 낮은 입출력에 가깝다. 그는 기술의 목적을 '더 똑똑한 기계'가 아니라 '더 빠른 연결'로 옮겨 적었다.

시점도 의미가 있었다. 2016년 전후로 딥러닝은 연구실을 벗어나 제품 속으로 들어오기 시작했고, 인식·번역·추천 성능이 체감으로 올라오던 때였다. 머스크는 AI를 경계하는 발언을 반복했다. 다만 그 경계는 윤리 토론의 어조가 아니라 시간표의 어조였다. "일어날 수 있다"가 아니라 "생각보다 빨리 올 수 있다" 그래서 AI를 멈추기보다, 인간 쪽의 인터페이스를 올려 같은 판에 남는 선택지를 상상했다.

뉴럴링크는 그 상상을 '치료'라는 입구로 밀어 넣는다. 마비 환자, 신경 질환, 시각·청각 문제. 규제와 사회적 수용을 통과하려면 이 문이 필요하다. 하지만 방향은 더 노골적이다. 치료가 끝이 아니라 인간의 입출력을 끌어올리는 장치가 본문이라는 것. 머스크가 말한 인터페이스는 결국 인간을 사용자가 아니라 시스템의 일부로 바꾸는 기술이다.

그의 방식은 여기서도 동일했다. 남의 생태계에 기대지 않기로 한다. 뇌-기계 인터페이스는 오래된 연구 분야였고, 학계는 조심스럽게 전진해왔다. 규제는 까다롭고, 실패 비용은 압도적이다. 보통은 '검증이 되면 확장'을 택한다. 머스크는 반대로 간다. 목표를 크게 던지고, 팀을 모으고, 속도를 강제한다. 그리고 하드웨어를 직접 만들겠다고 한다. 뇌에 들어가는 전극, 실처럼 삽입하는 로봇, 신호를 해석하는 소프트웨어까지 한 회사 안에 묶는다.

왜 이렇게까지 할까? 머스크의 언어로는 '병목' 때문이다. 전극 해상도가 낮으면 신호가 거칠고, 신호가 거칠면 학습 데이터가 부족하고, 데이터가 부족하면 해석 모델이 느리게 발전한다. 느리면 의료적 효용이 나오기까지 시간이 늘어나고, 시간은 곧 자금·규제·신뢰의 한계를 부른다. 그는 이 연쇄를 끊으려 했다. 센서를 늘리고, 삽입을 자동화하고, 신호 해석을 소프트웨어로 반복 개선해 반복 속도를 올린다. 완벽한 해답보다, 다음 버전으로 넘어갈 수 있는 구조를 먼저 만든다.

뉴럴링크가 던진 불편한 질문은 그래서 단순하다. 뇌를 성역으로 남겨둘 것인가, 아니면 공학의 대상으로 가져올 것인가? 머스크는 후자를 택했다. 그 선택은 칭찬받기 쉬운 길이 아니기에 윤리·규제·거부감이 항상 따라붙는다. 하지만 그는 거기서도 같은 계산을 한다. AI의 속도를 늦출 수 없다면, 인간이 기계와 연결되는 속도를 올려야 한다.

결국 2016년의 뉴럴링크는 테슬라·스페이스X와 결이 달라 보이면서도 같은 축 위에 있다. 물리 세계의 기계를 다루던 그는 이제 인간의 신경계를 입출력 장치로 보기 시작했다. 땅 위와 하늘 위를 넘어, 두개골 안으로까지 병목을 추적해 들어간 셈이다.

★ 머스크의 이 결정 이후 — BCI(뇌-컴퓨터 인터페이스)는 실험실의 연구를 넘어 전극·수술 자동화·신호 해석을 한 제품 로드맵으로 묶는 경쟁으로 가속되었고, 스타트업·빅테크·규제기관 모두가 '상용화 시간표'를 전제로 움직이기 시작했다. 동시에 BCI는 의료 보조 기술을 넘어 "AI 시대에 인간의 입출력 대역폭을 실제로 올릴 수 있는가"라는 질문을 대중 담론 한가운데로 끌어올렸다.

+ TIPS

머스크의 결정방식 3:
설득 대신 작동으로 입을 막다

3장에서 머스크의 결정들은 더 이상 비전 선포나 화려한 계획안에 머물지 않는다. 궤도에 진입한 로켓, 도로 위를 달리는 세단, 땅 위에 수직으로 내려앉는 부스터. 그는 말의 힘을 믿지 않는 리더다. 그의 결정 방식은 '최소한의 작동(Working Prototype)'을 시장과 비판론자들의 면전에 던져놓는 것이다.

그는 회의실의 화이트보드보다 공장의 라인에서 나오는 실제 결과물을 신뢰한다. 많은 리더가 미래의 청사진을 공들여 설명해 투자를 받고 동의를 구하지만, 머스크는 설명을 생략하고 제품이 스스로 말하게 만든다. 작동하는 실체 앞에서 모든 이론적 비판은 한순간에 소음이 된다는 것을 그는 경험으로 알고 있다.

부스터 회수가 불가능하다는 전문가들의 논문을 비웃듯, 그는 실제로 부스터를 바다 한가운데 착륙시켜버렸다. 수학적으로 계산된 불가능을 물리적으로 구현된 '작동'으로 덮어버린 것이다. 사람들이 "어떻게 그럴 수 있느냐"고 물을 때, 그는 "이미 벌어진 일"이라고 답한다. 바로 이것이 머스크가 논쟁을 종식하는 방식이다.

이 방식의 핵심은 '증명의 우선순위'에 있다. 그는 가장 어려운 난제, 즉 제품의 성패를 가를 핵심 병목을 가장 먼저 해결하라고 엔지니어들을 강요한다. 장식적인 요소나 사용자 인터페이스 같은 부가 기능은 나중 문제다. 일단 '로켓이 돌아오느냐'라는 본질적인 작동을 확인하는 순간, 판도는 완전히 바뀐다.

머스크에게 있어 '증명'이란 타인의 동의를 얻는 수단이 아니라 시장의 상식을 강제로 재설계하는 도구다. 그는 작동하는 결과물을 통해 비판론자들을 설득하는 것이 아니라 구시대의 인물로 박제해버린다. 말보다 빠른 작동, 그것이 그가 세상의 시간을 자기 속도로 끌어들이는 방식이다.

그는 제품이 완벽해질 때까지 기다리지 않는다. 일단 작동한다면, 그것이 비록 투박하고 불안정할지라도 현장에 내놓는다. Model S의 초기 소프트웨어가 그러했고, 초창기 슈퍼차저 네트워크가 그러했다. 완벽한 설계도보다 움직이는 프로토타입이 더 많은 데이터를 가져다주고, 더 빨리 비판론자들을 침묵시킨다.

이러한 '작동 지상주의'는 테슬라와 스페이스X의 조직 문화를 군대처럼 팽팽하게 만든다. 회의는 짧고 테스트는 잦다. 머스크는 "그게 될까요?"라는 구성원의 질문에 "해보지 않고 어떻게 아느냐"고 반문한다. 그는 이론적 가능성을 검토하는 시간에 차라리 한 번 더 폭발시키며 데이터를 얻는 쪽을 택한다.

그가 전통적인 홍보(PR) 부서를 없앤 이유도 여기에 있다. 화려한 수식어로 제품을 포장하는 것은, 작동하지 않는 실체를 숨기려는 기만이라고 보기 때문이다. 제품이 압도적으로 작동한다면 홍보는 필요 없다. 소비자가 직접 찍어올린 유튜브 영상 하나가 수천억 원의 광고보다 강력한 증거가 된다.

작동은 또한 내부 구성원들에게 가장 강력한 동기부여가 된다. 자신이 만든 코드가 로켓의 엔진을 점화하고, 자신이 설계한 배터리가 차를 움직이는 것을 목격한 팀은 지치지 않는다. 머스크는 '꿈'을 이야기하는 대신 '작동하는 실체'를 공유함으로써 직원들을 한계까지 몰아붙이는 추진력을 얻는다.

그는 상상을 파는 소설가가 아니라, 상상을 현실의 규격으로 찍어내는 제조업자에 가깝다. 말은 해석의 여지를 남기지만, 작동은 오직 감탄이나 경악만을 남긴다. 머스크는 타인의 해석을 기다려주지 않는다. 그는 오늘도 작동하는 무언가를 세상에 던져놓고, 사람들이 그 실체를 받아들일 때까지 다음 증명을 준비한다. 증명된 실체는 그 자체로 권력이 된다는 것, 바로 그것이 머스크가 결정하는 방식이자 세상을 지배하는 공식이다.

이 시기부터 머스크의 관심은 성능이 아니라 통제 범위로 이동한다. 남의 인프라, 남의 규칙, 남의 속도에 맡기는 순간 병목이 생긴다는 걸 체감했기 때문이다. 그래서 그는 외주를 줄이고 직접 만든다. 비용이 늘어도 통제력을 가져오는 쪽을 택한다. 그 결과 결정은 더 논란이 되었고 충돌은 잦아졌다. 하지만 속도는 다시 붙었다. 이 시기의 선택들은 효율적이기보다 집요했다. 4장은 머스크가 병목을 외부에 두지 않기로 한 결정들, 즉 통제 범위를 넓혀 간 기록이다.

외부에 맡기지 않고 직접 통제하다 (2017–2022)

26 자동화에 올인했다가 '생산 지옥'에 갇히다

2017년, 테슬라가 Model 3를 내놓자 시장은 열광했다. 문제는 주문서가 아니라 공장이었다. 전기차를 대량 생산하는 순간부터 자동차 산업은 기술이 아니라 리듬의 싸움이 된다. 하루에 몇 대가 아니라, 한 시간에 몇 대를 끊김 없이 뽑아내느냐? 머스크는 그 리듬을 사람에게 맡기고 싶어하지 않았다.

그는 이미 답을 갖고 있었다. "공장이 곧 제품이다"

그래서 Model 3의 생산 전략은 단순했다. '사람을 늘리는 대신 로봇을 늘린다' 테슬라가 자동차 회사라면, 이건 무모한 선택이었다. 하지만 머스크는 테슬라를 자동차 회사로 두지 않았다. 그는 공장을 소프트웨어처럼 업데이트 가능한 시스템으로 보고 있었다. 생산 라인은 느린 인간 때문에 멈추는 게 아니라 설계가 구리면 멈춘다고 믿었다.

그 시기에 그가 자주 꺼낸 말이 있다. “자동화가 답이다. 사람은 너무 느리다” 이건 단순한 허세가 아니었다. 머스크는 사람이 많이 들어가는 제조가 결국 비용을 숨기고 시간을 늘린다고 봤다. 반면 로봇이 들어가면 초기엔 비싸고 불안정해도, 한 번 안정화되면 속도와 품질이 동시에 올라간다. 자동화를 한 번 궤도에 올려놓으면, 이후엔 사람보다 더 예측 가능하게 굴러갈 거라고 계산했다.

그런데 공장은 그의 계산을 배신했다. 로봇은 빠르지만 케이블을 대충 정리하거나 부품이 디세하게 어긋난 걸 손끝 감각으로 맞추는 작업을 싫어한다. 사람에게는 그런 애매한 일들을 해결하는 게 습관이지만, 로봇에게는 실패 확률이 폭발하는 구간이었다. 테슬라는 생산 라인 곳곳을 자동화로 덮었고, 그 덮개가 오히려 병목이 되었다. ‘더 많은 자동화’는 생산을 밀어 올리는 레버가 아니라 멈춤을 늘리는 스위치가 되기 시작했다.

결정적 장면은 2018년 초였다. 테슬라는 '주당 5천 대' 목표를 공언해놓고, 그 숫자 앞에서 흔들렸다. 라인은 자주 멈췄고, 로봇은 예상치 못한 오작동을 반복했다. 수리팀이 뛰어다니는 속도보다 고장이 나는 속도가 더 빨랐다.

머스크는 현장에서 그 상황을 이렇게 인정했다. "우리가 자동화에 과도하게 집착했다. 내 실수다" 그가 드물게 '내 탓'을 말하는 순간이었다. 자동화가 틀린 게 아니라, 자동화의 순서가 틀렸다는 뜻이었다.

여기서 머스크의 결정이 "자동화를 더 넣자"가 아니라 "빼자"로 바뀐다. 사람이 해야 할 구간을 다시 사람에게 돌리고, 로봇은 로봇이 잘하는 구간에만 남긴다. 자동화를 포기한 게 아니라, 자동화를 재배치한 것이다. 그는 생산을 미학으로 보지 않고 흐름으로 봤다. 흐름을 막는 장비는 최첨단이라도 제거 대상이었다.

그리고 그는 공장 안에서 시간을 없앴다. 프리몬트 공장에서 잠을 자고, 생산 라인을 따라 문제를 쪼갰다. "누가 잘못했나"가 아니라 "어디서 막히나"로 묻고 또 물었다. 결함의 책임을 사람에게 묻는 대신 공정에 묻는 방식으로, 조직의 언어를 바꿨다. 자동화에 대한 믿음은 유지했지만 자동화를 신앙으로 두진 않았고, 공장은 다시 현실이 되었다.

이 선택이 남긴 건 상처만이 아니었다. 테슬라는 '생산 지옥'을 통해 하나를 배웠다. 대량 생산은 로봇으로 해결되는 문제가 아니라, 로봇과 인간을 어디에 놓느냐의 문제라는 것. 머스크는 자동화에 올인했다가 지옥을 봤고, 그 지옥에서 공장을 기술로 정의하는 방식을 더 거칠게 단련했다. 속도는 다시 살아났지만, 그 속도는 더 이상 꿈이 아니라 공장 바닥에서 나온 숫자였다.

★ 머스크의 이 결정 이후 — 테슬라는 2018년 하반기까지 Model 3 생산량을 끌어올리며 "전기차는 다량 생산이 불가능하다"는 회의론을 실적 수치로 밀어냈고, 자동차 업계는 자동화를 '많이 넣는 것'이 아니라 '병목 구간에 정확히 쓰는 것'으로 다시 계산하기 시작했다.

27 지구 전체에 위성 인터넷을 깔기로 하다

2018년 초 머스크는 로켓을 우주로 가는 운송수단으로만 두지 않기로 했다. 재사용을 밀어붙이며 발사 비용을 낮춰놓고 나자, 다음 질문이 생겼다. "이 로켓을 무엇으로 계속 띄울 것인가?" 발사체가 싸져도, 수요가 없으면 공장은 멈춘다. 스페이스X는 비용을 줄이는 데 성공했지만 그 비용을 먹여 살릴 반복 발사의 이유가 필요했다.

그때 머스크가 꺼낸 카드가 스타링크(Starlink)였다. 위성 인터넷. 듣기엔 거창했지만, 사실은 매우 사업적인 계산이었다. 우주 산업의 매출은 발사 계약에 좌우되고, 발사 계약은 정부·대기업·정치에 좌우된다. 머스크는 그 판을 싫어했다. 현금 흐름을 남에게 맡기고 싶지 않았다. 스페이스X가 "NASA에 의존하는 회사"로 굳어지는 순간, 화성은 영원히 구호로 남을 수밖에 없다는 걸 알고 있었다.

그는 인터넷을 서비스로 보기 전에 우주회사를 먹여 살릴 정기 수익원으로 봤다. "우리는 화성에 가려면 돈이 필요합니다" 그가 스타링크를 이야기할 때마다 뒤에 붙던 문장이었다. 꿈이 아니라 재무 구조 얘기였다. 정부 계약으로만은 화성까지 못 간다. 그럼 우주회사가 스스로 돈을 벌어야 한다. 머스크의 결론은 단순했다. '우주에서 돈이 되는 걸 직접 한다'

하지만 위성 인터넷은 아이디어로는 오래된 이야기였다. 문제는 숫자였다. 지구를 커버하려면 위성을 몇 개가 아니라 수천 개 띄워야 하고, 지상국과 단말기까지 깔아야 하며, 충돌·잔해·규제까지 모두 감당해야 한다. '가능한가'가 아니라 '미친 짓 아닌가'에 가까운 계획이었다. 게다가 2018년은 스페이스X가 여유로운 회사도 아니었다. 발사 성공을 쌓아가고 있었지만 화성용 대형 로켓(당시 BFR/Starship 구상)은 돈 먹는 괴물이었다.

그럼에도 머스크는 방향을 꺾지 않았다. 그 이유는 하나였다. 네트워크를 깔면, 네트워크가 회사를 살리기 때문이다.

로켓은 제조업이고, 제조업은 결국 단가 싸움이다. 단가 싸움에서 이기는 길은 생산량과 반복이다. 스타링크는 스페이스X에게 발사를 많이 해야 하는 이유를 제공한다. 발사가 늘면 재사용은 더 빨리 고도화되고, 재사용이 고도화되면 발사는 더 싸진다. 그는 스타링크를 돈 버는 사업이면서 동시에 발사체 개선을 강제하는 훈련장으로 본 셈이다. 사업과 기술을 분리하지 않고 한 고리로 묶어버린 것이다.

여기서 머스크다운 결정을 하나 더 얹는다. "위성 인터넷은 지상 인프라를 우회한다" 케이블을 깔기 어려운 지역, 통신사가 손을 안 대는 지역, 전쟁이나 재난으로 통신이 끊기는 지역. 즉 스타링크는 '편의'가 아니라 '주권과 안보'에 걸리기 시작한다. 그걸 알면서도 그는 들어갔다.

결국 2018년의 스타링크는 인터넷 사업 진출이라기보다 스페이스X의 정체성을 바꾸는 결정이었다. 발사체 회사에서 네트워크 회사로 진화했다.

위성은 한 번 깔기 시작하면 멈출 수 없는 사업이다. 위성은 유지·교체·확장이 전제다. 즉 스타링크를 시작하는 순간 스페이스X는 '발사 프로젝트 회사'가 아니라 '상시 운용 회사'로 바뀐다. 머스크는 그 되돌릴 수 없음이 좋았다. 되돌릴 수 없으면 사람은 더 빨라지기 때문이다.

그는 지구에 인터넷을 깔겠다고 말했지만, 사실은 다른 걸 깔고 있었다. 스페이스X가 화성까지 가기 위한 현금 흐름과 반복 발사의 레일을 깐 것이다. 인터넷은 상품이고, 발사는 공급망이며, 화성은 그 레일 끝의 목적지다. 머스크는 이 세 개를 따로 보지 않고 하나로 묶어버렸다.

★ 머스크의 이 결정 이후 — 2019년부터 스타링크 위성 발사가 정례화되면서 '민간 기업이 지구 궤도에 대규모 통신 인프라를 직접 구축·운용한다'는 모델이 현실로 굳어졌고, 발사체 경쟁은 단순 성능이 아니라 '네트워크를 유지할 만큼 꾸준히, 값싸게 띄울 수 있는가'라는 운영 능력의 싸움으로 옮겨가기 시작했다.

28 스타링크를 실험이 아닌 실제 사업으로 띄우다

위성을 쏘는 건 기술 데모로도 가능하다. 한두 번 발사해 되는 걸 보여주고 끝낼 수도 있다. 그런데 머스크는 스타링크를 그 길로 두지 않았다. 실험을 실제 서비스로 바꾸는 순간부터 게임이 달라진다는 걸 알고 있었다. 실험은 박수로 끝나지만, 요금제는 매달 고지서로 돌아온다. 고객이 돈을 내기 시작하면, 위성은 가능성이 아니라 의무가 된다.

2019년~2020년 무렵 스타링크는 이미 궤도에 위성을 늘려가고 있었지만, 아직은 '언젠가 될 것'에 가까웠다. 커버리지는 들쭉날쭉했고, 지연시간과 속도도 상황에 따라 흔들렸다. 대부분의 기업이라면 이 정도 단계에서 말을 아겼을 것이다. 하지만 머스크는 반대로 움직였다. 불완전한 상태로 요금제를 걸어버렸다.

베타라는 단어를 달긴 했지만 핵심은 같았다. 지금부터는 연구가 아니라 장사라고 결정한 것이다. 그가 그렇게 서둘러 요금제로 밀어붙인 이유는 두 가지였다.

첫째, 수요를 확인하려고가 아니라 수요를 만들어 반복 발사의 이유를 굳히기 위해서였다. 스타링크는 위성을 쏘는 만큼 커버리지가 좋아지고, 커버리지가 좋아질수록 가입자가 늘고, 가입자가 늘수록 다시 위성을 더 쏴야 한다. 이 루프가 돌기 시작하면 스페이스X는 '발사할 물건이 있는 회사'가 된다. 로켓 회사의 가장 무서운 적은 기술이 아니라 비가동 시간이다. 공장이 멈추면 비용은 그대로 새고, 조직은 느슨해진다. 머스크는 그 시간을 없애고 싶었다.

둘째, 요금제는 조직의 기준을 바꾸는 장치이기 때문이다. 실험 단계에서는 '이번엔 안 됐다, 다음에 고치자'가 통하지만, 서비스가 되는 순간부터는 통하지 않는다. 끊기면 환불이고, 느리면 해지고, 약속을 못 지키면 평판이 꺾인다. 머스크는 이런 압박을 싫어하지 않고, 오히려 즐겨 쓴다. 자본을 올인해 시간을 압축하던 습관을, 이번엔 서비스로 반복한 것이다. 돈을 받는 순간, 변명할 시간이 사라진다.

요금제가 시작되면 함께 따라오는 게 있다. 단말기(접시 안테나)다. 여기서 스타링크는 통신사와 다른 길을 택한다. 보통 통신은 인프라만 깔고, 단말 생태계는 제조사에 맡긴다. 머스크는 그걸 못 참는다. 지상 단말이 없으면 위성망은 무용지물이고, 단말을 남에게 맡기면 보급 속도가 늦어진다. 그래서 단말기까지 직접 통제하는 방향으로 간다. '위성—지상국—단말—요금제'까지 모두 한 덩어리로 묶는 순간, 스타링크는 단순한 위성 프로젝트가 아니라 통신 회사가 된다. 그리고 통신 회사가 되는 순간, 스타링크는 단순히 시골 인터넷 대체재가 아니라 정치·안보·재난 대응의 중심으로 들어간다.

'어디서든 연결된다'는 약속은 곧 '끊기면 안 된다'는 약속이 된다. 머스크는 이 부담을 감수했다. 그 이유는 명확했다. 스타링크가 공공 인프라처럼 취급되기 시작하면, 그만큼 규모와 지속성이 생기기 때문이다. 단발성 유행이 아니라 쉽게 접을 수 없는 사업이 되는 것이다.

스타링크의 요금제는 그래서 단순한 가격표가 아니었다. 머스크가 스스로에게 거는 족쇄였고, '언젠가'가 아니라 '지금'으로 시간을 당겨버리는 장치였다. 스타링크는 그 결정을 한 순간부터 실험실이 아니라 고객센터를 가진 사업이 되었다.

이 결정으로 위성 발사는 연구 결과가 아니라 서비스 유지비가 되었다. 그리고 머스크가 원하던 게 바로 그거였다. 되돌릴 수 없게 만드는 것!

★ 머스크의 이 결정 이후 — 스타링크가 실제 과금과 가입자 확보 국면으로 들어가자 위성 통신은 기술 가능성이 아니라 가입자 유지율·단말기 보급·운용 신뢰성 같은 통신업의 KPI로 평가되기 시작했고, 발사체 산업도 "몇 번 성공했는가"보다 '서비스를 유지할 만큼 꾸준히 쏠 수 있는가'가 경쟁의 핵심으로 올라오기 시작했다.

29 화성을 전제로 한 로켓에 올인하다

Falcon 9이 본게임의 입장권이라면, 머스크가 다음에 깔아놓은 판은 아예 게임의 규칙 자체를 바꾸는 쪽이었다. 그는 "언젠가 가자" 수준의 꿈 얘기를 한 게 아니라, 로켓 개발의 기준점을 처음부터 화성에 맞춰버렸다. 목표를 달로 잡으면 로켓이 달라지고, 저궤도로 잡으면 조직이 달라진다. 머스크는 목적지를 화성으로 고정함으로써, 이후의 모든 선택지가 자연스럽게 한 방향으로만 수렴하게 만들었다.

2010년대 중반 우주 산업의 상식은 명확했다. 대형 로켓은 국가가 하고, 민간은 그 아래에서 상업 발사를 최적화한다. 스페이스X도 그 길로만 가도 충분히 돈을 벌 수 있었다.

머스크는 거기서 멈추지 않았다. 이유는 단순했다. 지구 궤도에서 돈을 버는 회사로는 화성에 못 가기 때문이다. 화성은 기술 문제가 아니라 경제의 문제라고 봤다. "갈 수 있냐"보다 "갈 수 있을 만큼 싸게 만들 수 있냐"가 본질이다.

그래서 그는 로켓을 더 정교하게 깐드는 대신, 로켓을 완전히 다른 가격 구조로 다시 설계하려고 했다. 여기서 화성은 목적지라기보다 가격표를 깨기 위한 핑계가 아니라 기준이었다. 수십억 달러짜리 한 번 쏘고 마는 로켓으로는, 화성은 불가능하다. 결국 답은 재사용, 대형화, 대량생산, 연료 보급, 그리고 운용의 자동화로 수렴한다. 화성을 전제로 삼는 순간, 그 선택들은 옵션이 아니라 필수가 된다.

머스크가 무서운 건 이 대목이다. 그는 꿈을 말하면서도, 꿈을 스펙으로 바꾼다. 그는 늘 그랬다. 화성에 가려면 사람과 화물을 실어야 하고, 그럼 페이로드가 커져야 하고, 그럼 로켓이 커져야 하며, 로켓이 커지면 발사 비용을 더 내려야 하고, 그러려면 재사용은 전제가 된다. 여기까지는 논리다. 그런데 대부분은 여기서 멈춘다. 하지만 머스크는 여기서 한 발 더 간다. "그러면 기존 로켓으로는 안 된다"

그래서 등장하는 게 대형 차세대 로켓(당시 ITS/BFR로 불리던 구상)이다. 이름이 무엇이든 핵심은 같다. 기존 시장의 요구에 맞춘 제품이 아니라 화성 요구에 맞춘 제품을 먼저 만들고, 그 부산물로 지구 시장을 먹는 방식이다.

이건 사업적으로 보면 위험한 역주행이다. 고객이 당장 원하지 않는 스펙에 돈을 태우는 일이다. 더구나 화성은 단기간에 매출로 환산되지 않는다. 주주와 시장이 좋아할 리가 없다. 그런데 머스크는 오히려 그 점을 레버리지로 쓴다. 화성을 말하면 단순히 우주 회사가 아니라 인류적 서사를 갖게 되고, 이로써 최고의 인재와 관심이 빨려 들어온다. 기술 조직에선 이게 실제 자본이다. 그는 늘 돈만이 아니라 사람과 시간도 자본처럼 굴린다.

또 하나의 계산이 있었다. 화성 목표는 내부적으로 면책이 아니라 압박이 된다. 저궤도 발사체라면 "이 정도면 됐다"가 가능하다. 하지만 화성은 "이 정도면 됐다"가 잘 안 나온다. 필요한 성능과 비용 절감 폭이 너무 커서 중간 만족이 별 의미가 없다. 목표가 크면 조직은 과격해진다. 머스크가 원하는 게 바로 그거였다. 기술을 개선하지 말고 단층 이동시키는 것.

결국 '화성을 전제로 한 로켓에 올인'은 로켓 하나의 개발 결정보다 더 크다. 스페이스X라는 회사가 앞으로 무엇을 할지, 무엇을 하지 않을지, 어떤 리스크를 감수할지, 어떤 속도로 달릴지를 한 문장으로 규정해버린 결정이다.

그는 화성을 해결하지 않았다. 대신 화성이라는 문제를 회사의 운영체제로 깔아버렸다. 그 순간부터 작은 승리들은 의미가 줄고, 큰 실패도 과정이 된다. 화성이라는 기준이 계속 남으니까.

★ 머스크의 이 결정 이후 — 화성을 전제로 한 초대형 재사용 로켓 개발이 공개 로드맵으로 올라오면서 우주 산업의 경쟁은 단순한 발사 서비스에서 대형 재사용 시스템을 얼마나 빨리 운용 루프로 넣느냐로 이동하기 시작했고, 정부·민간 모두가 달·화성 계획을 논할 때 가능성보다 톤당 비용을 먼저 따지는 분위기가 빠르게 강해지기 시작했다.

30 차를 디자인이 아니라 제조방식으로 다시 그리다

테슬라가 예쁜 전기차를 만드는 회사로 보이던 시절이 있었다. 하지만 머스크는 어느 순간부터 차의 외형이나 옵션보다 공장이 무엇을 할 수 있는지를 더 많이 말했다. 2019년 전후 그 집착은 하나의 방향으로 굳어졌다. 차를 새로 그리되, 디자인이 아니라 제조방식으로 그린다. 그에게 자동차는 주행 성능의 합이 아니라 '어떤 공정으로 찍어내느냐'의 결과물이었다.

이 전환은 Model 3 '생산 지옥'을 통과한 뒤 더 선명해졌다. 그는 깨달았다. 좋은 차를 설계하는 것과, 그 차를 매주 일정한 수량으로 뽑아내는 건 전혀 다른 게임이라는 걸. 설계도는 멋질 수 있지만, 공정이 막히면 그 설계는 현장에서 죽는다. 머스크는 문제를 사람 탓으로 돌리지 않고, 다음과 같이 물었다. "우리가 자동차를 만드는 방식 자체가 너무 복잡한 것은 아닌가?"

그때부터 그의 언어가 "이 차가 멋있다"가 아니라 "이 차는 공장에서 이렇게 나와야 한다"로 바뀐다. 차체를 몇 번 용접하는지, 부품이 몇 개나 되는지, 라인이 얼마나 길어지는지, 무엇이 병목인지…. 그는 제품을 개선하는 게 아니라 제품을 만드는 방법을 다시 썼다. 자동차 산업에서 이건 거의 금기다. 자동차 회사들은 모델을 바꿀 수는 있어도, 공정의 근본을 자주 뒤집지는 못한다. 공급망과 설비, 협력사, 인증, 인력 등 모든 게 얽혀 있기 때문이다.

머스크의 선택은 정반대였다. 오히려 얽혀 있는 걸 이용했다. 한 번 제조방식을 바꾸면, 그 제조방식이 다시 제품의 형태를 결정한다. 즉 "이런 차를 만들자"가 아니라 "이런 방식으로 만들 수 있으니 차는 이렇게 생겨야 한다"가 된다. 자동차를 '디자인 → 생산' 순서로 보지 않고 '생산 → 디자인' 순서로 역전시킨 것이다. 그래서 그가 밀어붙인 건 혁신적 스타일이 아니라 부품 수를 줄이는 구조였다. 부품이 줄면 공정이 줄고, 공정이 줄면 불량이 줄고, 불량이 줄면 원가가 줄고, 원가가 줄면 가격을 내릴 수 있다.

그는 여기서 타협을 허용하지 않았다. '조금 더 예쁘게'가 아니라 '한 번 덜 조립하게'가 우선이었다. 자동차의 품질을 장인의 손맛이 아니라 공정의 단순함에서 꺼내오려는 태도였다.

이때 가장 불편한 지점은, 자동차가 더 이상 디자이너와 마케터의 작품이 아니라는 사실이다. 제조방식 중심으로 가면, "이 곡선이 예쁘냐"보다 "이 곡선이 프레스·주조·조립을 얼마나 단순화하냐"가 우선한다. 보기엔 멋있어도 생산을 어렵게 만들기에 버린다. 반대로 덜 멋있어 보여도 생산을 단순화하면 채택한다.

머스크가 공장을 비용이 아니라 제품이라고 말하기 시작한 건 사실 이 지점에서다. 그는 공장을 차를 만드는 장소가 아니라 차보다 먼저 설계해야 하는 물건으로 봤다.

여기서 결정의 핵심은 기술 선택이라기보다 우선순위의 전복이다. 자동차 산업은 오랫동안 완성차가 왕이고, 공장은 뒷단이었다. 머스크는 그 왕좌를 공장으로 옮겼다. 그리고 제품을 공장에 맞게 굴복시켰다.

이건 단기적으로 욕을 먹기 좋다. "품질이 어쩌고" "마감이 어쩌고" 같은 비난이 따라붙는다. 하지만 그는 그 비난을 알고도 강행했다. 생산이 잡히면 품질은 따라올 수 있지만, 생산이 안 잡히면 품질 논쟁 자체가 의미가 없기 때문이다. 시장을 먹는 건 베스트 카가 아니라 가장 많이, 일정하게 만드는 차라는 걸 그는 너무 일찍 깨달았다.

멋진 차 한 대가 아니라 멋진 차를 반복해서 낳는 공정, 그는 거기로 회사를 밀었다. 그리고 그 방향으로 가면, 다음 결정들—대형 주조, 배선 단순화, 라인 재배치, 설계의 모듈화—이 자연스럽게 따라온다. 제조방식으로 차를 다시 그리는 순간, 자동차는 상품이 아니라 생산 알고리즘이 된다.

★ 머스크의 이 결정 이후 — 자동차 업계의 경쟁은 '누가 더 좋은 스펙을 내느냐'에서 '누가 더 적은 공정·부품으로 더 빨리 증산하느냐'로 더 노골적으로 이동하기 시작했고, 테슬라식 제조 단순화 접근은 전통 완성차들도 플랫폼뿐 아니라 공정 구조 자체를 다시 설계하게 만드는 압박으로 작동하기 시작했다.

31 민간 유인 우주비행을 9년 만에 복원하다

2011년 미국은 스페이스셔틀을 퇴역시켰다. 그 순간부터 이상한 공백이 생겼다. 세계 최강의 우주 강국이 자기 힘으로 우주비행사를 우주정거장에 보내지 못했다. ISS에 가려면 러시아 소유즈를 타야 했고, NASA는 좌석값을 지불하며 '승차권'을 사야 했다. 우주는 국가의 자존심이 아니라 계약서의 항목이 되었다.

머스크는 이 공백을 국가가 무능해진 결과로 보지 않고, 시장에 생긴 빈자리로 봤다. 그가 내린 결정은 단순히 "사람을 태우자"가 아니었다. "언젠가"가 아니라 미국의 유인 발사를 다시 미국 땅에서 하겠다는 시간표를 걸었다. 화성

이야기보다 먼저, 가장 지루하고 가장 빡센 과제부터 잡은 셈이다.

유인 우주비행은 로켓을 띄우는 것보다 훨씬 까다롭다. 시스템은 '성공하면 좋은' 수준이 아니라, 실패가 곧 사람의 죽음이 되는 기준으로 설계되어야 한다. 안전성, 중복 설계, 탈출 시스템, 검증 절차. 속도를 믿는 머스크가 가장 느린 절차로 들어가는 결정이었다.

그런데도 그는 왜 이 결정을 했나? 이유는 의외로 감정적이지 않다. 발사체만으로는 본게임이 끝나지 않기 때문이었다. 화물 운송으로 신뢰를 쌓아도 '사람을 태울 수 있는 회사'가 되지 못하면 국가 우주 인프라의 핵심으로 들어가지 못한다. 민간 기업이 국가와 대등한 파트너가 되는 마지막 문턱이 유인 비행이었다.

또 하나의 계산은 돈이었다. 2010년대 NASA는 직접 개발-직접 운용에서 민간 계약으로 이동 중이었다. 그 흐름에서 유인 프로그램은 가장 큰 계약이 될 수밖에 없었다. 하지만 돈이 있다고 되는 게 아니다. 사람을 싣는 순간, 고객은 더 이상 스타트업이 아니라 정부와 여론이다. 한 번의 사고가 회사의 존립을 흔든다. 머스크는 그 리스크를 피하지 않았다. 오히려 정면으로 끌어안아 "우리가 그 정도 레벨의 회사"라는 걸 증명하려 했다.

2014년 9월 NASA는 머스크의 스페이스X를 Commercial Crew(상업 유인 수송) 파트너로 선정했다. 계약은 시작이었고, 진짜 전장은 그 다음이었다. 테스트가 늘어질수록 조롱이 따라왔다. 일정이 밀리면 "역시 안 된다"는 말이 붙었다. 머스크는 그 비난을 기술로 막지 않고, 반복 시험으로 막았다.

2019년 드래곤의 탈출 시스템을 실제로 시험했고(인플라이트 어보트), 2020년 5월 30일 Crew Dragon 데모-2가 발사되었다. 두 명의 NASA 우주비행사가 민간 우주선에 올라, 미국 땅에서 출발해 ISS에 도킹했다. 9년 만의 복원이었다.

이 장면이 중요한 건 감동 포인트 때문이 아니다. 권력 구조가 바뀌는 장면이었기 때문이다. 그날 이후 NASA는 "민간이 할 수 있을까?"를 묻지 않고, "누가 더 싸고 더 자주, 더 안전하게 할까?"를 묻기 시작했다. 국가 독점의 영역이 계약 가능한 인프라로 바뀌는 순간이었다. 머스크가 원한 건 바로 그 문장 교체였다.

그리고 그 교체는 스페이스X 내부도 바꿨다. 유인 비행은 회사의 기본값을 바꾼다. 실패를 데이터로만 설명할 수 없는 세계다. 조직은 더 엄격해지고, 문서화는 늘고, 승인 체계는 복잡해진다. 스타트업이 가장 싫어하는 것들이 붙는다. 머스크는 그걸 받아들였다. 받아들이는 대신, 그 절차를 통과하는 속도마저 자기 방식으로 끌어올렸다. 느린 규정을 핑계로 삼지 않고, 규정 안에서 빨리 반복하는 회사가 되려고 했다.

화성으로 가겠다는 말은 누구나 할 수 있다. 하지만 사람을 태워 정기적으로 우주정거장에 보내는 일은, 국가급 책임을 민간이 떠안는 일이다. 머스크는 꿈을 말하기 전에 그 책임을 먼저 샀다. 그것이 그가 본게임에 들어가는 방식이다.

★ 머스크의 이 결정 이후 — NASA의 유인 수송은 '국가가 만드는 우주선'에서 '민간이 운영하는 정기 노선'으로 굳어지기 시작했고, 미국 내 우주 정책은 대형 개발보다 "어떤 민간 시스템을 표준 인프라로 채택할 것인가"를 중심으로 재편되기 시작했다.

32 완성되지 않은 FSD를 도로 위에 과감히 풀다

2020년 10월 테슬라는 Full Self-Driving Beta를 처음으로 일반 사용자에게 배포하기 시작했다. 이름에는 'Full'이 들어갔지만, 기능은 명백히 미완성이었다. 차는 스스로 차선을 바꾸고 교차로를 통과했지만, 언제든 오류를 냈다. 테슬라는 '이 시스템이 완전 자율주행이 아니며, 항상 운전자의 개입이 필요하다'는 경고를 반복해서 붙였다.

이 결정은 업계의 상식을 정면으로 거스르는 것이었다. 자율주행 기술은 완성된 뒤 제한된 구역에서 조심스럽게 공개되는 것이 정설이었다. 대부분의 기업은 고정밀 지도, 엄격한 지오펜싱, 통제된 환경 등의 조건을 충족한 뒤에야

도로로 나왔다. 하지만 머스크는 반대로 갔다. 완성되지 않은 상태로, 가장 복잡한 환경에 먼저 올렸다.

머스크의 계산은 기술이 아니라 시간에 있었다. 그는 자율주행을 연구실에서 완성되는 기술로 보지 않았다. 인간이 운전하는 실제 도로에서, 인간보다 더 많은 상황을 더 빨리 학습해야만 가능한 시스템이라고 봤다. 그래서 도로는 위험한 실험장이 아니라 가장 큰 데이터 수집 장치가 된다.

FSD 베타는 내부 테스트를 길게 거치지 않았다. 2021년, 2022년을 거치며 배포 대상은 점점 확대되었고, 수십만 대의 차량이 학습 루프에 편입되었다. 업데이트는 잦았고, 기능은 불안정했으며, 당연히 비판은 거셌다. "미완성 기술을 공공도로에 풀었다" "안전을 사용자에게 떠넘겼다" 머스크는 이 비난을 예상하고도 멈추지 않았다.

그의 기준에서 실패는 사고 그 자체가 아니라 학습이 멈추는 것이 실패였다. 완성도를 높이기 위해 배포를 늦추면 데이터는 줄고, 모델은 늙는다. 반대로 불완전하게라도 배포하면 오류는 즉시 데이터가 된다. 그는 이 차이를 시간으로 계산했다. "한 달 늦추면, 수억 마일의 학습을 잃는다"

그래서 FSD는 제품이 아니라 운영 체계가 되었다.

이 결정은 조직의 기준을 바꿨다. 엔지니어의 목표는 틀리지 않는 코드가 아니라, 틀린 뒤 얼마나 빨리 고치느냐로 이동했다. 업데이트는 드물지 않았다. 작고, 잦고, 반복되었다. 사용자 경험은 매끄럽지 않았지만, 학습 곡선은 가팔랐다. 머스크는 이 불편을 감수했다. 완벽함보다 속도를 고정했기 때문이다.

책임의 배치 역시 의도적이었다. 머스크는 완전 자율을 약속하지 않았다. 법적 책임은 운전자에게 남겼고, 시스템은 보조 역할로 정의했다. 이 전제는 비판을 불렀지만, 동시에 배포를 가능하게 했다. 약속을 낮춘 대신, 학습 속도를 극단적으로 높였다.

2023~2024년 FSD는 여전히 완성 단계에 도달하지 않았지만, 성능은 누적 데이터에 따라 빠르게 진화했다. 중요한 건 도달 시점이 아니라 속도가 유지되고 있다는 사실이었다. 머스크는 자율주행을 한 번에 뛰어넘는 기술로 보지 않았다. 매일 조금씩 인간의 운전 시간을 잠식하는 과정으로 봤다.

완성되지 않은 FSD를 도로 위에 올린 결정은 위험해 보였고, 실제로 논란을 키웠다. 하지만 이 결정으로 자율주행의 기준은 이동했다. 완벽을 전제로 한 개발에서 학습을 전제로 한 배포로 이동한 것이다. 머스크는 이 결정으로 또 한 번 시간을 자기 편으로 만들었다.

★ 머스크의 이 결정 이후 — 2020년대 들어 자율주행 경쟁의 중심은 제한된 구역의 정밀도 경쟁에서 실제 도로 데이터의 축적 경쟁으로 이동했다. '배포 후 학습'이라는 방식은 논쟁을 동반했지만, 업데이트 속도와 데이터 규모가 성능을 좌우한다는 인식이 업계 전반으로 확산되었다. FSD는 완성품이 아니라 시간이 누적되는 시스템이라는 정의가 고정되기 시작했다.

33 AI 학습용 연산을 외부에 맡기지 않기로 하다

2019년 무렵부터 테슬라 내부에서 가장 무섭게 불어난 건 배터리도 공장도 아니었다. 학습 시간이었다. FSD는 매일 더 많은 영상을 먹어야 했고, 먹는 데이터가 늘어날수록 정답이 늘어나는 게 아니라 연산 병목이 먼저 드러났다. 신경망은 똑똑해지려면 결국 반복 학습을 해야 하는데, 그 반복 속도가 느려지는 순간 개발 속도 전체가 꺾인다.

머스크는 이 문제를 기술 문제로 보지 않고, 권력 문제로 봤다. "우리가 어떤 모델을 쓰느냐"보다 "우리가 언제 다음 버전을 학습시키느냐"가 승부를 가른다는 판단이었다. 그래서 그는 내부에서 이렇게 정리했다. "문제는 알고리즘이 아닙니다. 학습 속도입니다" 그 말은 곧 GPU를 더 많이 사는 게 답이 아니라는 뜻이기도 했다.

업계의 표준 해법은 간단했다. 엔비디아 GPU를 더 확보하고, 데이터센터를 더 임대하고, 클라우드를 더 쓰는 것. 즉 모두가 같은 시장에서 같은 부품을 사는 구조다. 하지만 머스크가 보기엔 그건 속도를 남에게 맡기는 선택이었다.

그가 꺾어버린 건 '외부가 알아서 해결해줄 것'이라는 습관이었다. 테슬라가 자동차 부품을 내재화했던 논리를 학습 인프라에 그대로 적용했다. 필요한 건 GPU를 더 사는 게 아니라 학습을 위해 설계된 공장이었다.

그래서 그는 "연산을 외주 주지 않는다"는 결정을 내린다. 그리고 그 결정은 선언에서 끝나지 않았다. 칩을 직접 설계하고(D1), 그 칩을 대량으로 묶어 슈퍼컴퓨터를 짓는 프로젝트(Dojo)로 이어졌다.

여기서 중요한 건 '최고 성능'이 아니었다. 머스크가 원하는 건 벤치마크 1위가 아니라 반복 학습의 리듬이었다. 오늘 들어온 데이터를 오늘 밤에 학습시키고, 내일 아침에 개선된 모델을 다시 돌려보는 속도였다. 그 리듬을 외부 공급망과 외부 가격표에 묶어두면, 언젠가 반드시 발목이 잡힌다고 봤다.

그는 범용 GPU의 범용성을 낭비로 취급했다. 게임 그래픽도, 다양한 서버 작업도, 모든 걸 고려해 만든 칩을 사서 신경망 학습에만 쓰는 건 비효율이라고 봤다. 그래서 "우리는 신경망만 학습하면 된다"는 쪽으로 설계를 좁혔다. 범용을 버리고 목적에 맞추는 건, 테슬라가 자동차에서 하던 방식 그대로다.

이 결정을 더 머스크답게 만든 건 위험 계산이었다. 칩 설계는 실패 확률이 높은 영역이고, 투자 규모는 크며, 시간이 오래 걸린다. 대부분의 회사는 그런 일을 "우리가 할 일이 아니다"라고 정리하지만, 머스크는 반대로 정리했다. "그렇게 중요한 병목이라면 우리가 직접 해야 한다"라고 정리한 것이다.

그의 논리는 간단했다. 엔비디아를 기다리면 경쟁사도 같이 기다린다. 그러나 연산을 직접 만들면, 속도 격차는 매일 벌어진다. 하루 이틀의 차이가 아니라 학습 루프가 1년 누적되면 지능의 격차가 된다.

이 선택은 테슬라 내부의 기준도 바꿨다. 알고리즘의 아름다움보다 학습을 얼마나 빨리 돌릴 수 있느냐가 성과의 척도가 되었다. 로봇의 동작이 어색하면 코드를 다듬는 대신, 더 많은 데이터를 먹이고 더 빨리 학습시켰다.

머스크는 AI 경쟁을 모델 대결로 보지 않고, 학습 공장 대결로 봤다. 그래서 연산을 외부에 맡기지 않기로 한 것이다. 단순히 돈을 아끼려는 게 아니라, 시간을 남에게 맡기지 않으려는 결정이었다.

★ 머스크의 이 결정 이후 — 자율주행·로봇 경쟁의 초점은 '누가 더 똑똑한 모델을 공개하느냐'에서 '누가 더 빨리 학습을 반복해 업데이트를 밀어붙이느냐'로 이동하기 시작했고, AI 산업의 우위는 알고리즘보다 전력·칩·데이터센터까지 포함한 연산 공급망을 얼마나 단단히 쥐었는가에서 갈리기 시작했다.

34 VPP와 메가팩으로 전력 시장에 직접 들어가다

전기차를 만드는 회사가 전기를 사는 건 자연스러운 일이다. 공장을 돌리고, 배터리를 충전하고, 슈퍼차저를 운영하려면 막대한 전력이 필요하다. 오랫동안 테슬라는 전력 시장의 거대한 소비자였다.

머스크는 그 구조를 오래 두지 않았다. 그가 보기엔 전력은 비용 항목이 아니라 병목이었다. 재생에너지는 간헐적이고, 전력망은 경직되어 있었으며, 피크 시간대 가격은 급등했다. 배터리를 아무리 잘 만들어도, 전력망이 따라주지 않으면 확장은 멈춘다. 그는 질문을 바꿨다. "왜 우리는 전기를 사기만 하죠?" 해답은 이미 테슬라 안에 있었다. 파워

월, 파워팩, 그리고 대형 산업용 배터리인 메가팩.

처음에는 저장 장치였다. 남는 태양광을 저장하고, 피크 요금을 줄이기 위한 장치. 하지만 머스크는 저장을 '방어'로 보지 않았다. 연결된 배터리는 하나의 발전소처럼 움직일 수 있다고 계산했다.

2017년 7월 호주 남부 대정전 이후 테슬라는 초대형 배터리 프로젝트 수주에 나섰고, 2017년 12월 세계 최대 규모 리튬이온 배터리(Hornsdale Power Reserve)를 가동했다. 가상발전소(VPP, Virtual Power Plant)는 그 계산의 결과였다. 수천, 수만 가구의 배터리를 소프트웨어로 묶어 하나의 발전 자원처럼 운영하는 구조였다. 개별 가정의 파워월은 작지만, 묶이면 도시 단위의 전력을 움직일 수 있다. 전력망이 흔들릴 때 배터리가 방전되고, 남을 때 충전된다. 전력회사가 하던 조정 기능을 소프트웨어가 대신한다. 2019년 호주에서 테슬라는 가정용 배터리를 연결한 대규모 VPP 프로젝트를 본격적으로 시작했다.

머스크는 여기서 한 단계 더 나갔다. 메가팩을 단순한 설비로 판매하는 게 아니라 직접 전력 시장에 참여하기 시작했다. 호주 남부의 대형 배터리 프로젝트는 상징적이었다. 블랙아웃 이후 구축된 초대형 배터리는 피크 시간대에 전력을 방출해 전력 가격을 낮추는 역할을 했다. 이후 미국 텍사스, 캘리포니아 등으로 확장되었다.

2021년 캘리포니아 메가팩 프로젝트들이 전력 시장에 본격적으로 편입되며 상업적 조정 자원으로 작동하기 시작했다. 테슬라는 더 이상 '배터리를 파는 회사'가 아니었다. 전력 가격 형성에 영향을 미치는 플레이어가 되기 시작했다. 전력 시장은 규제가 강하고, 지역별로 다르며, 진입 장벽이 높다. 보통 제조사는 그 안으로 직접 들어가지 않으며, 설비를 납품만 하고 끝낸다. 하지만 머스크는 납품자로 남지 않았다. 그는 가격 변동이 생기는 현장으로 들어갔다.

이 결정은 AI 전략과도 맞닿아 있었다. 데이터센터는 막대한 전력을 요구한다. AI 학습이 늘어날수록 전력 수요는 기하급수적으로 증가한다. 전력을 사는 위치에만 머무르면 비용 통제가 불가능해진다. 반대로 전력을 저장하고 판매하고 조정할 수 있으면 이야기가 달라진다.

2022년 이후, AI 연산 인프라 확대가 본격화되면서 전력 확보 문제는 전략 문제가 되었다. 그는 자동차, 배터리, 태양광, 데이터센터를 따로 보지 않았다. 모두 전력이라는 공통분모 위에 올려놓았다. 배터리는 차량 부품이 아니라 전력망의 일부였고, 태양광은 친환경 이미지가 아니라 전력 생산 수단이었고, 메가팩은 설비가 아니라 시장 참여 티켓이었다.

이 결정으로 테슬라는 소비자에서 공급자로, 그리고 구매자에서 조정자로 이동했다. 전력 가격이 오를 때 손해를 보는 회사가 아니라 가격 변동을 활용할 수 있는 회사로 바뀌었다. 머스크는 전기를 저장하는 회사를 만든 게 아니었다. 전기를 사고파는 구조 안으로 들어갔다.

★ 머스크의 이 결정 이후 — 대형 배터리와 가상발전소는 단순한 에너지 보조 장치가 아니라 전력 시장의 실질적 조정 수단으로 인식되기 시작했고, 제조 기업이 직접 전력 가격과 공급 구조에 참여하는 모델이 현실적인 선택지로 검토되기 시작했다. 동시에 AI·데이터센터 확대와 맞물려 전력을 통제하는 기업이 산업 경쟁력의 핵심 변수로 재분류되기 시작했다.

35 인간형 로봇을 공식적으로 꺼내다

2021년 여름 머스크는 테슬라의 다음 이야기를 '차'가 아니라 '로봇'으로 꺼냈다. 그 시점에서 테슬라는 이미 전기차 회사로만 설명되기 어려웠다. OTA 업데이트로 차가 바뀌고, FSD가 매일 학습하고, 공장이 소프트웨어처럼 개선되는 회사가 되었다. 그런데 외부에서 보는 테슬라는 여전히 '차를 잘 만드는 회사'에 머물렀다. 머스크는 그 프레임을 깨야 했다.

2021년 8월 AI Day에서 그는 '테슬라 봇(Tesla Bot)'을 무대 위의 중심으로 올렸다. "우리는 사람 일을 대신할 로봇을 만든다"

머스크가 로봇을 공식적으로 꺼낸 배경엔 두 가지 압력이 겹쳐 있었다. 첫째는 기술의 축이었다. 테슬라가 쌓아온 가장 강한 자산은 차체나 모터가 아니라, 카메라로 현실을 보고 판단하는 신경망과 그 신경망을 키우는 학습 루프였다. 그 능력은 '운전'이라는 문제에만 쓰기엔 너무 컸다. 둘째는 사업의 확장 한계였다. 자동차는 시장이 크지만, 제조는 자본과 시간이 많이 든다. 반면 로봇은 한 번 형태가 갖춰지면, 지능 업데이트가 곧 제품 개선이 된다. 머스크가 좋아하는 구조다. 하드웨어를 한 번 깔고, 소프트웨어로 계속 밀어붙일 수 있는 판.

그럼에도 이 발표는 위험했다. 인간형 로봇은 로봇 산업에서 늘 '멋있지만 잘 안 되는 것'의 상징이었기 때문이다. 사람들이 기억하는 휴머노이드는 대개 전시용이었다. 걷고, 손 흔들고, 가끔은 넘어지고. 하지만 '상업화'라는 단어가 붙으면 분위기가 싸늘해진다. 머스크도 그걸 모를 리 없었다. 그래서 그는 로봇을 재밌는 미래로 소개하지 않았다.

이 지점에서 머스크의 발표는 로봇 업계의 문법과 달랐다. 많은 기업이 "우리는 기술을 연구한다"는 톤으로 말할 때, 그는 "우리는 제품을 만든다"는 톤으로 밀어붙였다. 그 차이는 홍보 문구가 아니라 조직의 방향을 바꾼다. 연구는 데모로 끝날 수 있지만, 제품은 납기와 원가와 유지보수가 따라붙는다. "공식적으로 꺼낸다"는 건 이제 되돌리기 어렵다는 뜻이다.

머스크는 로봇 발표를 하면서 테슬라가 이미 가진 자원을 전면에 깔았다. FSD에서 축적한 시각 인지, 도조로 대표되는 학습 인프라, 공장에서 검증된 대량생산 능력. 로봇을 새로 발명하겠다는 느낌보다 이미 가진 퍼즐을 다른 그림으로 맞추겠다는 느낌에 가깝다.

그는 로봇을 독립 사업으로 분리하지 않았다. 테슬라의 핵심을 그대로 끌고 가는 확장으로 놓았다. "자동차는 바퀴 달린 로봇"이라는 그의 정의가 여기서 실제 사업 언어가 된다.

그리고 그는 숫자를 섞었다. 키, 무게, 속도 같은 스펙을 제시한 건 단순 정보가 아니었다. "우리는 이걸 현실의 물건으로 만들겠다"는 약속이다. 스펙을 꺼내는 순간, 로봇은 상상에서 제조로 넘어간다. 제조로 넘어간 순간, 질문은 "가능하냐"가 아니라 "언제 나오냐, 얼마냐"가 된다. 머스크는 업계가 제일 싫어하는 질문을 일부러 불러왔다.

그가 이 발표로 얻은 건 로봇 한 대의 완성도가 아니라 인재의 방향이었다. "테슬라에서 로봇을 한다"는 말이 성립하는 순간, 자동차 엔지니어링과 AI 인재가 함께 빨려 들어온다. 또 하나는 경쟁 구도의 재설정이다. 로봇 회사들이 테슬라를 자동차 회사로 얕보던 구조가 끝난다. 반대로 자동차 회사들도 테슬라를 자동차로만 상대할 수 없게 된다. 머스크는 판을 바꾸는 데 능숙한데, 이번에도 발표 자체로 판을 흔들었다.

결국 2021년의 이 결정은 로봇을 언젠가 할지도 모르는 연구가 아니라 회사의 다음 축으로 공인한 행위였다. 머스크가 무대에서 로봇을 꺼낸 순간, 테슬라의 미래는 자동차의 연장선이 아니라 AI가 몸을 갖는 방향으로 기울기 시작했다.

★ 머스크의 이 결정 이후 — 테슬라는 전기차 회사가 아니라 '현실에서 움직이는 지능을 만드는 회사'라는 해석이 본격적으로 퍼지기 시작했고, 로봇 분야는 연구 성과 경쟁에서 벗어나 누가 더 빨리 대량생산·원가·업데이트까지 포함한 제품 싸움으로 밀어붙일 수 있는지의 경쟁으로 분위기가 바뀌기 시작했다.

36 여론을 사는 대신 트위터를 통째로 인수하다

2022년 4월 머스크는 트위터를 사겠다고 갑자기 트윗 한 줄을 던졌다. 트위터는 가장 큰 소셜 네트워크도, 가장 많은 사용자를 가진 플랫폼도 아니었다. 그런데도 뉴스가 시작되고, 논쟁이 증폭되고, 정치·금융·기술 담론이 동시에 흘러드는 몇 안 되는 공간이었다. 여론이 '형성된 뒤'가 아니라 '형성되기 직전'에 먼저 끓는 곳, 머스크는 그 지점을 봤다. 여론을 설득하는 것보다 여론이 만들어지는 구조를 통제하는 쪽이 더 빠르다는 판단이었다.

처음부터 그는 "운영을 잘하겠다"는 말로 접근하지 않았다. 대신 표현의 자유, 알고리즘, 봇 같은 단어를 꺼냈다. 명분처럼 들렸지만 동시에 신호였다. 그가 사려던 것은 회사의 수익 모델이 아니라 플랫폼의 기본값이었다. 무엇이 허용되고 무엇이 노출되고 어떤 말이 확산되는지, 그 규칙을 가진 쪽이 결국 시대의 신경계를 쥐게 된다는 계산이었다.

시장과 트위터 이사회는 처음엔 이를 진지하게 받아들이지 않았다. 공개매수 제안은 협상 카드로 보였고, '가격은 조정될 수 있다'는 톤이 뒤따랐다. 실제로 몇 달 동안 거래는 흔들렸다. 봇 계정 비율 논쟁이 붙었고, 인수 철회 가능성까지 언론에 흘러나왔다. 보통의 인수라면 이런 구간에서 조건이 바뀌거나 거래가 무산된다. 해당 기업은 언제든 "환경이 달라졌다"고 말하며 인수전에서 빠져나갈 수 있다.

하지만 머스크는 여기서 물러서지 않는다. 이 지점이 중요하다. 트위터 인수는 "비싸냐 싸냐"의 문제가 아니라 "빠지면 무엇을 잃느냐"의 문제로 바뀌었다. 한 번 공개적으로 사겠다고 말해놓고 발을 빼면, 그는 '말만 던진 사람'으로 남는다. 그것보다 더 큰 비용은, 그가 구상하던 다음 구조가 출발점에서 무너진다는 점이었다. 트위터는 그에게 단독 프로젝트가 아니라 출입구였다. 발언이 모이고, 데이터가 축적되고, 알고리즘이 작동하는 공간을 확보해야 다음 단계의 확장이 설득이 아니라 실행으로 넘어갈 수 있다.

그래서 그는 인수 비용을 다시 계산한다. '인수를 끝까지 밀어붙일 때의 비용'이 아니라 '지금 빠질 때의 비용'을 먼저 본다. 빠지면 단지 거래가 무산되는 게 아니다. 시장이 그를 읽는 방식이 달라진다. 이후의 모든 발표와 계획이 "그때도 그랬잖아"라는 의심에 걸린다. 그는 그런 종류의 신뢰 손실을 가장 비싼 비용으로 취급한다. 그래서 비용을 아끼기 위해 후퇴하는 선택 대신, 비용을 더 내고라도 후퇴의 여지를 없애는 쪽을 택한다.

2022년 10월 트위터 인수는 실제로 완료된다. 거금이 오갔고, 시장은 고개를 저었다. "너무 비싸다"는 말이 쏟아졌다. 하지만 머스크는 인수 가격을 길게 설명하지 않는다. 그가 설명하고 싶은 것은 가격이 아니라 위치였다. 트위터를 사는 순간, 그는 더 이상 플랫폼 위에서 말하는 사람이 아니라 플랫폼의 규칙을 만질 수 있는 사람이 된다. 주주·규제·여론이라는 외부 변수는 남아 있지만 '발언이 만들어지는 공간' 자체는 그의 통제 범위로 들어온다.

이 결정이 논란을 부른 건 트위터의 사업성 때문만이 아니었다. 소셜 플랫폼을 가진다는 것은 단지 미디어 회사를 산 게 아니라 사회의 레버를 잡는 일이기 때문이다. 그래서 그는 자신이 가장 많이 말하는 공간을 사버렸다. 설득을 반복하는 대신, 구조를 먼저 잡는 방식으로.

트위터 인수는 그래서 '취향의 소비'가 아니라 '포지션의 이동'이었다. 말의 영향력을 키우기 위해 더 큰 마이크를 사는 게 아니라 마이크가 작동하는 무대를 가져오는 선택이었다. 그리고 그 무대를 가져오는 순간, 그는 되돌아갈 수 없는 위치에 서게 된다.

트위터를 사겠다고 던진 트윗 한 줄은 '사건'이었지만, 끝까지 인수를 완주한 것은 '방식'이었다. 머스크는 늘 그런 식으로 움직인다. 성공 확률을 높이기보다 후퇴 확률을 없앤다.

★ 머스크의 이 결정 이후 — 2022년 10월 트위터 인수가 현실화되면서, 소셜 미디어는 '서비스 운영'의 대상이 아니라 '여론·데이터·규칙'이 얽힌 인프라로 더 직접적으로 인식되기 시작했다. 동시에 플랫폼을 둘러싼 경쟁은 사용자 수나 광고 매출만이 아니라 '누가 확산의 규칙을 쥐고 있는가'라는 권력의 문제로 더 노골적으로 이동했다.

+ TIPS

머스크의 결정방식 4:
통제권을 내재화해 장악하다

4장에서 살펴본 머스크의 결정들은 '수직 계열화'라는 단어로 요약된다. 하지만 그 본질은 단순한 비용 절감이 아니라 통제권의 완전한 장악이다. 그는 자신의 속도를 늦추는 외부 요인을 극도로 혐오한다. 공급업체의 늦은 납기, 외부 칩 설계사의 기술적 한계, 소셜 미디어의 불투명한 알고리즘 등이 대표적인 외부 요인이다. 그는 자신의 의사결정 경로에 끼어드는 타인의 모든 변수를 제거하기 위해 직접 만들거나 통째로 사버리는 쪽을 택한다.

그는 공장을 단순히 물건을 찍어내는 비용 항목이 아니

라 제품 그 자체를 진화시키는 핵심 기술로 정의했다. 제조를 외주 주는 순간, 개선의 속도는 협력업체의 리듬과 그들의 이해관계에 묶이게 된다. 머스크는 타인의 손에 자신의 미래가 저당 잡히는 그 지연을 견디지 못했다. 그래서 그는 인공지능 칩을 직접 설계(Dojo)하고, 로봇의 관절을 직접 깎으며, 심지어 트위터라는 거대한 정보의 광장 자체를 인수해버렸다.

대부분의 기업은 '핵심 역량'에 집중하고 나머지는 외주를 통해 리스크를 분산하라고 배운다. 하지만 머스크에게 외주란 기술의 분업이 아니라 권한의 포기이자 지능의 파편화다. 부품 하나가 마음에 들지 않아도 협력업체와 계약서를 다시 쓰고 단가를 협상하는 데 몇 달을 허비하는 구조로는 그의 광기 어린 속도를 맞출 수 없다. 그는 부품의 나사 하나까지 직접 설계해야만 직성이 풀리는 통제 광이다.

이 방식은 모든 리스크를 내부로 집중시키는 위험을 동반한다. 외주 업체라는 방패가 사라지기 때문이다. 하지만 머스크는 남에게 의존하는 안전보다 내가 통제하는 위험이 백번 낫다고 본다. 병목을 직접 쥐고 있어야만 문제가 생겼을 때 코드 한 줄이나 공정 하나를 즉시 수정해 밤사이에 문제를 해결할 수 있기 때문이다. 그는 "공급업체를 기다리는 것은 죽음을 기다리는 것과 같다"고 믿는 사람이다.

테슬라의 자율주행 전용 칩인 FSD 칩을 외주 주지 않고 직접 만든 것도 같은 맥락이다. 범용 칩 제조사인 엔비디아의 로드맵에 테슬라의 운명을 맡기는 대신, 테슬라 소프트웨어에 최적화된 하드웨어를 직접 설계함으로써 그는 컴퓨팅 파워의 병목을 제거했다. 하드웨어와 소프트웨어가 한 머리에서 나올 때 비로소 최적의 속도가 나온다는 계산이다. 그는 협력이라는 이름의 타협보다 독점이라는 이름의 완결성을 선호한다.

스타링크 역시 마찬가지다. 지상 통신망의 규제와 물리적 한계를 넘기 위해 그는 직접 우주에 수만 개의 위성을 쏘아 올렸다. 남의 망을 빌려 쓰는 고객이 아니라, 망 자체를 소유한 주인이 됨으로써 그는 전 지구적 연결권을 장악했다. 통제권을 내재화한다는 것은 단순히 부품을 만드는 것이 아니라, 경쟁자가 넘볼 수 없는 독립적인 생태계의 성벽을 쌓는 일이다.

그의 통제욕은 소프트웨어를 넘어 하드웨어의 원재료까지 뻗어 나간다. 리튬 광산을 직접 확보하고 소재 공학팀을 내부에 두는 이유는, 공급망의 가장 밑단에서 발생하는 병목조차 자신의 통제 아래 두기 위해서다. 그는 세상의 모든 물리적 흐름을 자신의 의사결정 속도에 동기화시키려 한다. 타인의 속도에 맞춰 걷느니, 차라리 길을 직접 닦고 그 위를 혼자 전속력으로 달리는 쪽을 택한다.

이러한 내재화 전략은 테슬라와 스페이스X를 하나의 유기적인 연산 장치처럼 통합시켰다. 로켓의 소재 기술이 자동차에 쓰이고, 자동차의 AI 기술이 로봇으로 흐른다. 모든 기술적 자산이 한 주머니 안에 있을 때 시너지는 극대화된다. 그는 각 사업부 사이의 장벽을 허물고 데이터와 인재를 자유롭게 이동시킴으로써, 거대한 기업 집단 전체를 하나의 거대한 실험실로 운영한다.

그는 세상을 믿지 않는다. 오직 자신이 설계하고 통제하는 시스템만을 믿는다. 병목을 외주 주지 않겠다는 그의 고집은, 결과적으로 테슬라와 스페이스X를 누구도 복제할 수 없는 독보적인 기술 요새로 만들었다.

이 시기의 머스크는 이미 많은 것을 가지고 있었다. 하지만 그는 잘되는 판에 머무르지 않았다. 오히려 잘 돌아가는 것을 정리하고, 더 큰 불확실성의 전장으로 이동했다. 자동차, 소셜 미디어, 에너지, 로봇 등 각각만 해도 충분한 사업들이었지만, 그는 그것들을 하나의 방향으로 재배치했다. 이 시기의 결정들은 확장이 아니라 재편이었다. 무엇을 더할지가 아니라, 무엇을 버릴지에 대한 선택이었다. 5장은 머스크가 성공을 유지하는 대신 다음 판으로 갈아탄 순간들을 따라간다.

잘되는 판을 버리고 갈아타다 (2023 – 2026)

37 트위터를 버리고 미완의 'X'로 갈아엎다

2023년 여름, 머스크는 트위터라는 이름을 지운다. 파란 새는 내려오고, 검은 바탕의 'X'가 올라간다. 인수 이후 벌어진 수많은 논란보다 이 결정이 더 당혹스러웠다는 반응도 적지 않았다. 해고나 정책 변경은 경영 판단으로 설명할 수 있지만, 브랜드 삭제는 설명하기 어려운 선택이었기 때문이다.

트위터는 실패한 브랜드가 아니었다. 오히려 전 세계에서 가장 강력한 인지도를 가진 플랫폼 중 하나였다. '트윗하다'는 동사는 이미 일상 언어가 되었고, 정치·금융·문화 담론은 이 플랫폼을 거쳐 증폭되었다. 대부분의 인수자는 이런 자산을 보호하려 하지만 머스크는 가장 값비싼 이 자산을 없애기로 결정했다.

이 결정은 즉흥처럼 보였지만, 맥락은 오래전부터 드러나 있었다. 'X'라는 이름은 그에게 낯설지 않았다. 1999년 그가 온라인 은행을 꿈꾸며 세운 회사 이름이 X.com이었다. 결제와 금융, 이후 페이팔로 이어진 그 경로에서 'X'는 항상 모든 기능이 합쳐질 수 있는 빈 공간을 의미했다. 특정 기능을 설명하지 않는 대신, 확장을 허용하는 이름. 그런데 트위터는 그 조건에 맞지 않았다. 너무 구체적이었고, 너무 과거의 성공에 묶여 있었다.

머스크는 트위터를 SNS로 보지 않았다. 그는 이 플랫폼을 결합 지점으로 보기 시작했다. 메시지, 결제, 영상, 크리에이터 수익, 데이터, 그리고 AI 학습 등 이 모든 것을 하나로 묶으려면, 기존의 브랜드 의미는 오히려 장애물이 된다. 트위터라는 이름은 말과 의견에 최적화된 서비스였다. 반면 그가 그리고 있던 그림은 훨씬 넓었다. 그래서 그는 플랫폼의 성격을 바꾸기 전에, 이름부터 지웠다.

이 선택은 내부에서도 충격이었다. 브랜드 자산을 한 번에 태우는 결정은 조직을 불안하게 만든다. 외부에서는 "머스크의 광기"라는 말까지 나왔다. 광고주들은 더 빠르게 이탈했고, 기존 사용자들조차 방향을 이해하지 못했다.

'X'라는 이름은 완성된 서비스가 아니라 미완의 선언에 가깝다. 무엇이 될지 아직 정해지지 않았다는 뜻이다. 이 모호함은 마케팅 관점에서는 약점이지만, 시스템 설계 관점에서는 장점이다. 그는 플랫폼을 정의하지 않음으로써, 이후 들어올 기능들의 상한을 제거했다. 트위터였다면 "왜 이걸 하느냐"는 질문이 붙었을 기능들이 X에서는 "어디까지 갈 수 있느냐"로 바뀐다.

이 과정에서 머스크는 또 하나의 위험을 감수하는데 '정체성 공백'이다. 사용자는 익숙한 이름과 기능 위에서 행동한다. 그걸 지우면, 사용자 경험은 흔들린다. 그는 그 흔들림을 감수했다. 이유는 단순했다. 지금 흔들리지 않으면, 나중에는 바꿀 수 없기 때문이다. 상장 기업의 분기 실적과 브랜드 관리 논리에 묶여 있다면, 이런 결정은 불가능하다. 그는 그래서 먼저 인수했고, 그다음에 완전히 파괴했다.

'X'로의 전환은 트위터 인수의 연장선이 아니라, 인수의 목적이 드러난 순간이었다. 단순히 발언의 장을 손에 넣는 게 아니라, 그 발언이 흘러가는 인프라 전체를 다시 설계하겠다는 선언이었다. 플랫폼을 안정화시키기 전에, 플랫폼의 성격부터 바꿔버리는 방식은 머스크 특유의 순서였다.

이 결정이 성공할지 여부는 아무도 모른다. 사용자 수, 수익 모델, 경쟁 환경 모두 불확실하다. 하지만 한 가지는 확실해졌다. 트위터는 사라졌고, X는 되돌릴 수 없는 상태로 출발했다는 점이다. 머스크는 또 한 번, 완성된 것을 버리고 미완의 구조로 이동했다. 그리고 그 미완을 견딜 수 있는 사람만 남게 만들었다.

★ 머스크의 이 결정 이후 — 트위터의 리브랜딩은 글로벌 플랫폼 역사에서 드문 '의도적 정체성 파기' 사례가 되었고, 소셜 미디어를 단일 기능 서비스가 아닌 다기능 인프라로 재정의하려는 시도가 본격화되었다. 이후 메시징·결제·크리에이터 수익·AI 데이터가 하나의 시스템 안에서 결합될 수 있다는 전제가 공개적으로 논의되기 시작했다.

38 생성형 AI 전선에 xAI로 참전하다

2023년 7월 머스크는 xAI를 공개한다. "또 하나의 AI 회사"라는 설명으로는 이 결정을 이해하기 어렵다. 그는 이미 테슬라에서 자율주행을, 스페이스X에서 위성·로켓을, X에서 플랫폼을 굴리고 있었다. 굳이 새 회사를 만들 이유가 없어 보였다. 그런데 그는 굳이 새 판을 깔았다. 이건 확장이 아니라 참전이었다.

당시 생성형 AI 전쟁은 이미 속도가 붙어 있었다. 모델 성능은 매달 기준이 바뀌었고, 경쟁은 기술보다 연산·데이터·배포의 조합 싸움으로 흘러가고 있었다. 머스크가 본 건 단순했다. AI는 이제 소프트웨어 기능이 아니라, 미래 제품의 운영체제가 된다는 점이다. 그 운영체제를 남에게서 사오면, 결국 핵심 통제권을 남에게 넘긴다고 그는 계산했다.

머스크가 xAI를 만든 이유는 '늦어서'가 아니라 '늦었다고 인정하기 싫어서'에 가까웠다. 그는 OpenAI 공동 설립자였고, 이후 결별했다. 그리고 그 결별 이후 AI 흐름이 자신이 원치 않는 방향으로 굳어지는 걸 목격했다. 이때 그의 선택지는 둘 중 하나였다. 밖에서 비판하거나, 안으로 들어가 다시 설계하거나. 그는 늘 후자를 택한다. 논쟁의 링 밖에서 옳음을 주장하는 대신, 시스템 안으로 들어가 영향력을 다시 확보하는 방식이다.

xAI의 출발점은 '좋은 모델'이 아니었다. '좋은 모델을 낳는 조건'을 다시 쥐는 것이었다. 인재를 모으고, 연산을 붙이고, 학습 데이터를 확보하고, 배포 채널을 연결한다. 이 네 가지가 한 몸으로 묶일 때 속도는 폭발한다. 그는 그 구조를 이미 테슬라와 스페이스X에서 반복해왔다. 부품을 사지 않고 만들고, 외주를 줄이지 않고 내부화하고, 실패를 데이터로 바꾸고, 업데이트 주기를 단축한다. xAI는 그 공식의 AI 버전이었다.

이 결정이 특히 머스크다운 지점은 '배치'다. xAI는 독립 회사처럼 보이지만, 사실상 머스크 생태계의 한가운데 놓인다. X라는 거대한 실시간 담론 데이터, 테슬라의 비전 기반 AI 경험, 도조와 연산 철학, 스페이스X의 인프라 감각. 머스크는 AI를 '하나의 서비스'로 세우지 않고, 자기 산업군 전체의 접착제로 놓으려 한다. 그 순간 AI는 기능이 아니라 그룹의 중심축이 된다.

또 하나, 그는 xAI의 목표를 '도구'보다 '태도'로 포장했다. '진실을 추구한다'는 식의 문구들은 논쟁을 부르기 쉽다. 하지만 그가 실제로 한 일은 현실적이었다. 시장의 승부는 철학이 아니라, 결국 학습 속도와 배포력에서 갈린다는 계산이었다. 철학은 깃발이고, 연산과 데이터는 병참이다. 머스크는 깃발을 세우는 동시에 병참선을 깔기 시작했다.

물론 위험도 크다. 이미 선점자가 있는 시장에 늦게 들어가는 건 불리하다. 인재는 한정되어 있고, 연산 비용은 폭증한다. 게다가 머스크는 동시에 너무 많은 전선을 벌이고 있다. 하지만 이 동시다발이 그의 방식이기도 하다. 한 곳에서 완성도를 올리는 대신, 여러 축을 동시에 밀어붙여 서로의 속도를 끌어올린다. X가 있으면 배포가 빨라지고, 테슬라가 있으면 물리 AI와 연결되고, 스페이스X가 있으면 인프라 감각이 붙는다. 그는 AI를 사업 하나로 보지 않기 때문에 가능한 배치다.

xAI 참전은 결국 "AI를 남의 플랫폼 위에서 쓰는 사용자로 남지 않겠다"는 머스크의 선언이다. AI가 모든 제품의 운영체제가 되는 순간, 그 운영체제를 가진 쪽이 다음 산업을 설계한다. 머스크는 그 자리를 남에게 주기 싫었다. 그래서 늦었지만 들어갔다. 늦었지만, 더 큰 판에 놓기 위해 들어갔다.

★ 머스크의 이 결정 이후 — 2023년 하반기 이후 생성형 AI 경쟁은 모델 성능만이 아니라 연산·데이터·배포 채널을 동시에 묶는 '수직 통합' 구도로 더 빠르게 재편되기 시작했고, 소셜 플랫폼(X)과 AI 개발(xAI)의 결합 가능성이 업계의 현실적 변수로 떠올랐다. 동시에 'AI 회사'가 단독 서비스가 아니라 자동차·로켓·로보틱스 같은 물리 산업의 운영체제를 목표로 삼는 흐름이 강화되면서, 생성형 AI 전선은 소프트웨어 경쟁을 넘어 산업 패권 경쟁으로 성격이 바뀌기 시작했다.

39 스타십의 대형 실패를 계획에 포함시키다

2023년 4월 텍사스 보카치카에서 스타십(Starship)이 발사되었고, 몇 분 뒤 공중에서 폭발했다. 화면은 연기와 파편으로 뒤덮였고, 중계는 끊겼다. 이 정도 규모의 발사체라면 보통은 치명적인 장면이다. 아마도 대부분의 기업이라면 이 장면을 최대한 축소하거나, 실패가 아니었다고 설명하려 들었을 것이다. 하지만 머스크의 반응은 달랐다. 그는 이 발사를 실패로 규정하지 않았다. 대신 이렇게 말했다. "우리는 많은 데이터를 얻었다"

이 말은 위기관리용 수사가 아니었다. 스타십은 Falcon 9의 연장선이 아니라 완전히 다른 급의 물건이었다. 인류가 만든 가장 큰 로켓, 완전 재사용을 전제로 한 구조, 화성을 목표로 한 설계였다. 이 프로젝트에서 '한 번에 성공'은 애초에 기대값이 아니었다. 머스크는 이 로켓을 구상하는 단계에서부터 실패를 제거하지 않는 쪽을 택했다.

기존 우주 산업은 실패를 최소화하기 위해 속도를 늦춘다. 한 번의 발사를 위해 수년을 준비하고, 모든 변수를 사전에 제거하려 한다. 하지만 머스크는 반대로 갔다. 더 자주 띄우고, 더 빨리 부수고, 데이터를 다음 발사로 넘기기로 했다. 그에게 있어 실패는 사건이 아니라 과정이었다.

그래서 스타십 발사는 이벤트가 아닌 실험이었다. 성공하면 다음 단계로 가고, 실패해도 다음 단계로 간다. 중요한 건 결과가 아니라, 다음 시도까지 걸리는 시간이었다. 머스크는 이 로켓을 통해 우주 개발의 시간 단위를 연 단위에서 월 단위로, 다시 주 단위로 바꾸려 했다.

이 결정은 마찰을 불러왔다. FAA 조사가 시작되었고, 환경과 안전 문제가 동시에 제기되었다. 보통의 기업이라면 여기서 속도를 늦춘다. 하지만 머스크는 이 충돌까지 계산에 넣었다. 기존 규제는 '드문 발사'를 전제로 설계되어 있었다. 잦은 실패와 반복 발사는 그 프레임 자체를 흔든다. 즉 그는 기술뿐 아니라 제도도 시험하고 있었던 것이다.

2023년 11월 두 번째 통합 비행이 이뤄졌다. 이번에도 완벽한 성공은 아니었다. 하지만 분리 단계와 비행 구간은 분명한 진전을 보였다. 중요한 건 실패의 크기가 아니라 학습의 밀도였다. 첫 발사에서 얻지 못한 데이터가 확보되었고, 설계 수정은 곧바로 다음 준비로 이어졌다.

여기서 스타십 개발의 성격이 분명해진다. 실패는 숨겨야 할 사건이 아니라, 계획에 포함된 단계였다. 로켓이 폭발했다고 해서 일정이 멈추지 않았다. 다음 발사를 언제 할 수 있는지가 바로 논의의 출발점이 되었다. 원인 규명은 필요했지만, 완벽한 설명은 조건이 아니었다. 다음 시도를 가능하게 하는 최소 조건이면 충분했다.

머스크는 실패의 정의를 다시 썼다. 발사가 폭발로 끝나는 것은 실패가 아니었다. 실패는 다음 발사가 늦어지는 것이었다. 일정이 밀리면 학습이 밀리고, 학습이 밀리면 비용이 기하급수적으로 늘어난다. 그는 실패의 비용을 기술적 손실이 아니라 시간 손실로 계산했다.

이 방식은 조직의 태도를 바꿨다. 엔지니어들은 실패를 방어적으로 설명할 필요가 없어졌다. 중요한 건 틀리지 않는 것이 아니라 틀린 뒤 얼마나 빨리 고치느냐였다.

스타십의 대형 실패는 그래서 후퇴가 아니라 본게임의 방식 선언이었다. "우리는 이 판을 느리게 하지 않겠다"

이 결정이 중요한 이유는 스타십의 목적 때문이다. 이 로켓은 달 탐사나 화성 이주라는 상징적 비전 이전에 '대량 운송 인프라'다. 발사 비용을 극단적으로 낮추지 못하면 어떤 미래도 실행되지 않는다. 머스크는 이 지점을 알고 있었다. 그래서 성공 확률을 높이는 대신, 시도 횟수를 늘리는 방식을 택했다.

★ 머스크의 이 결정 이후 — 스타십 개발은 '완벽한 성공을 전제로 한 대형 프로젝트'라는 우주 산업의 관행을 흔들었고, 반복 실패와 빠른 재시도를 통해 학습 속도를 끌어올리는 방식이 현실적인 대안으로 논의되기 시작했다. 실패를 숨기기보다 공개하고 일정에 포함시키는 접근은 이후 대형 기술 프로젝트에서 시간 지연을 가장 큰 비용으로 계산하는 관점에 힘을 실어주었다

40 뇌-기계 인터페이스를 인간에게 이식하다

2024년 1월 말 머스크는 짧게 말했다. "첫 번째 인간에게 이식이 끝났고, 회복은 순조롭다" 로켓 발사처럼 폭발하지도, 자동차 공개처럼 화려하지도 않은 문장이었는데, 이 한 줄은 그가 오랫동안 '미래'라고만 불러왔던 것을 갑자기 '현재'로 끌어내렸다. 뉴럴링크(Neuralink)의 뇌 임플란트가 사람 머리 안으로 들어간 순간부터, 뇌-기계 인터페이스(BCI)는 더 이상 데모 영상의 영역이 아니게 된다.

머스크는 이 결정을 오래 준비해왔다. 하지만 준비의 방식이 늘 그렇듯 '충분히 안전해진 다음'이 아니라 '현실에서 부딪히며 안전을 증명하는 쪽'에 가까웠다. 2023년 5월

FDA가 임상시험을 위한 IDE(시험 허가)를 승인했다는 보도가 나온 뒤, 뉴럴링크는 곧바로 '사람에게 들어가는 단계'로 넘어간다.

이때부터 기술의 문제는 '가능하냐'가 아니라 '가능하다는 걸 어떤 규격과 절차로 입증하느냐'로 바뀐다. 그는 오히려 자신이 가장 잘하는 방식, 즉 실험을 공개된 일정으로 만들곤 그 실패를 데이터로 회수하는 방식을 의료 영역으로까지 끌고 들어왔다.

그가 사람에게 이식을 서두른 이유는 기술 낭만이 아니라 병목 계산에 더 가깝다. BCI는 "전극이 뇌 신호를 얼마나 잘 읽느냐"만의 문제가 아니다. 수술이 반복 가능해야 하고, 임플란트가 몸 안에서 장기간 버텨야 하고, 신호가 안정적으로 해독되어야 하고, 무엇보다 사용자가 '매일 쓸 수 있는 인터페이스'가 되어야 한다.

실험실에서 한 번 성공하는 것과, 사용자가 집에서 매일 쓰는 것은 완전히 다르다. 머스크는 그 간극이 결국 현장 데이터로만 메워진다는 걸 알고 있었다. 지금까지 자율주행이 그랬고, 로켓 재사용이 그랬고, 생산 자동화가 그랬다.

이제 그 패턴이 사람의 몸으로 들어가는 것이다.

그리고 2024년 3월 "첫 환자가 생각으로 커서를 움직이고 체스를 두고 게임을 한다"는 구체적 장면이 공개된다. 이 지점에서 분위기가 바뀐다. 많은 기술이 '원리적으로 가능'에서 멈춘다. 그런데 커서가 실제로 움직이는 순간, 시장이 보는 질문은 딱 하나로 좁혀진다. "이게 확장 가능한가?"

머스크는 늘 이 질문으로만 산업의 판을 바꿔왔다. 기술을 '작동'으로 바꾸고, '작동'을 '반복'으로 바꾸는 것, 그가 이식에 집착한 건 바로 그 반복의 첫 단추였다.

물론 인간에게 들어간 순간부터 BCI는 더 잔인한 종류의 현실을 만난다. 로켓이 터지면 설비가 날아가지만, 의료는 그럴 수 없다. 그래서 여기서 머스크식 속도는 그대로 작동하지 않는 것처럼 보일 수 있다. 실제로 첫 환자에서 뇌에 삽입된 가느다란 '실(thread)' 일부가 뒤로 빠지며 전극 수가 줄었다는 문제가 알려졌다.

그런데 흥미로운 건, 머스크가 이 문제를 프로젝트의 좌절로 다루지 않는다는 점이다. 그는 하드웨어 리스크가 터지는 걸 전제로 다음 수를 준비해두는 쪽에 가깝다. 뉴럴링크는 소프트웨어 보정으로 성능을 끌어올리는 방식 등을 언급하며 대응했다는 보도도 뒤따랐다.

의료에서의 실패는 '사고'로만 읽히지만, 머스크의 조직에서 실패는 곧바로 '다음 버전의 조건'이 된다. 다만 의료는 규제·윤리·임상 프로토콜이 속도를 강하게 누른다. 그래서 그의 선택은 "속도를 내겠다"가 아니라 "속도를 낼 수밖에 없는 구조를 먼저 깔겠다"에 가깝다. 임상시험이라는 형식 자체가 일종의 학습 루프가 되는 것이다.

그가 노린 건 BCI의 위엄이 아니라 BCI의 단가와 보급 경로였다. 머스크는 늘 미래 기술을 '대량생산 가능한 제품'으로 바꿔 이긴다. 이식이 성공하느냐보다 더 중요한 건, 이식이 '한 번 더' 가능해지는가, 그리고 그 다음이 '열 번' 가능한가였다.

★ 머스크의 이 결정 이후 — 뉴럴링크는 임상 데이터를 바탕으로 이식·유지·해독 성능을 단계적으로 업데이트하며 더 많은 참여자를 포함하는 시험 확대로 압박받게 될 것이다. 또한 경쟁사·학계·규제기관도 "BCI가 실제 사용자 환경에서 무엇을 할 수 있는가"를 같은 기준으로 비교하기 시작할 가능성이 커졌다.

41 저가형 자동차 전략인 ‘모델 2’ 프로젝트를 보류하다

2024년 봄 테슬라를 오래 따라온 사람들에게 가장 의외였던 소식은 “새로운 차가 나온다”가 아니었다. 오히려 그 반대였다. 모두가 기다리던 저가형 전기차, 이른바 ‘모델 2’로 불리던 프로젝트가 사실상 멈췄다는 신호가 공식적으로 확인되었다. 수년간 시장과 투자자들이 전제로 삼아왔던 다음 수를 머스크가 직접 접은 것이다.

이 결정은 표면적으로는 보수적으로 보였다. 전기차 시장은 이미 경쟁이 치열해졌고, 중국 업체들은 가격으로 밀어붙이고 있었다. 많은 분석가들은 테슬라가 살아남기 위해서라도 ‘더 싸고 더 많이 팔 수 있는 차’가 필요하다고 봤다. 저가형 모델은 거의 필수처럼 여겨졌다. 그래서 보류는 곧 후퇴처럼 읽혔다.

하지만 머스크의 계산은 완전히 다른 곳에 있었다. 그는 전기차 시장의 질문이 이미 바뀌었다고 봤다. "전기차를 얼마나 싸게 만들 수 있는가"가 아니라, "자동차라는 제품 자체가 계속 필요한가"로. 그는 테슬라를 더 이상 '차를 파는 회사'로 설명하지 않았다. 테슬라의 핵심은 차가 아니라 차 위에 얹히는 지능이라고 보기 시작했다.

저가형 자동차는 구조적으로 테슬라를 다시 제조 경쟁으로 끌어당긴다. 원가를 줄이기 위해 공급망을 쥐어짜고, 마진을 희생하고, 생산량으로 승부해야 한다. 이 게임은 머스크가 이미 한 번 통과한 판이었다. Model 3와 Y로 충분히 증명했다. 그는 같은 판을 더 낮은 가격으로 다시 뛰는 걸 다음 단계로 보지 않았다.

대신 그는 자원을 옮겼다. 배터리, 공장, 인력, 연산 등 모든 것을 자율주행과 로보택시 쪽으로 밀어 넣는다. 저가형 자동차를 만들면 당장의 판매량은 늘 수 있다. 하지만 자율주행이 완성되는 순간, 개인이 차를 소유하는 구조 자체가 흔들린다. 머스크는 그 전환점이 생각보다 멀지 않다고 봤다. 그래서 싸게 더 많이 파는 차보다 차를 굴리는 시스템에 올인하기로 결정한 것이다.

이 결정에는 시간 계산이 들어 있다. 저가형 모델은 최소 몇 년의 개발과 양산 준비가 필요하다. 그 시간이 지나면, 시장의 기준이 여전히 '개인 소유 차량'일지 확신할 수 없다고 그는 판단했다. 반면 자율주행과 로보택시는 지금 투자하지 않으면, 판이 굳어질 수 있는 영역이다. 그는 느린 확실성보다 빠른 불확실성을 택했다.

내부적으로도 이 결정은 쉬운 게 아니었다. 저가형 모델은 조직을 안정시키는 역할을 한다. 명확한 목표, 예측 가능한 수요, 제조 중심의 KPI. 반대로 로보택시와 자율주행은 불확실성이 크고, 실패하면 변명하기도 어렵다. 머스크는 그럼에도 안정적인 길을 버린다.

그는 저가형 자동차가 "영원히 필요 없다"고 말하지 않았다. 다만 순서를 바꿨다. 자율주행이 먼저고, 자동차는 그 다음이라는 판단이다. 차를 싸게 만드는 건 기술 문제지만, 차를 필요 없게 만드는 건 구조 문제다. 머스크는 언제나 구조를 먼저 바꾸려 했다.

이 결정은 시장에도 신호를 보냈다. 테슬라는 더 이상 전기차 가격 경쟁의 중심에 서지 않겠다는 선언에 가까웠다. 대신 자동차를 데이터 수집 장치이자, 이동하는 컴퓨팅 플랫폼으로 재정의하는 쪽으로 방향을 고정했다. 저가형 모델을 기다리던 소비자보다, 로보택시와 자율주행을 바라보는 투자자와 경쟁자를 더 의식한 선택이었다.

결국 저가형 자동차 전략 보류는 "무엇을 만들지 않기로 했는가"의 결정이다. 머스크는 늘 그렇듯 선택지를 늘리는 대신 줄였다. 더 많은 차종을 만드는 길을 닫고, 하나의 미래 시나리오에 집중한다. 그 시나리오가 틀릴 수도 있지만, 그는 방향이 흐려지는 쪽을 가장 큰 리스크로 본다.

★ 머스크의 이 결정 이후 — 테슬라는 저가형 전기차 경쟁에서 한 발 물러서는 대신, 자율주행·로보택시·AI 연산에 자본과 조직을 집중하게 되었고, 자동차 산업 내 논의 역시 '누가 더 싼 전기차를 만들 것인가'에서 '자동차 이후의 이동 모델이 무엇인가'로 점차 이동하기 시작했다. 저가형 모델 보류는 테슬라가 제조 기업이 아니라 이동 플랫폼으로 자신을 규정하는 분기점으로 남게 될 가능성이 크다.

42 로보택시를 테슬라의 미래로 완전히 못 박다

2024년 봄 테슬라를 둘러싼 질문이 바뀌기 시작했다. "다음에 출시될 차는 뭐냐"가 아니라 "테슬라는 여전히 차 회사냐"였다. 전기차 시장은 예전처럼 한 방향으로만 팽창하지 않았고, 가격 경쟁은 거세졌으며, 중국 업체들은 더 빠르게 학습하고 더 싸게 찍어냈다. 테슬라가 '다음 대중차(일명 모델 2)'를 내놓는다면 그건 익숙한 수순이었다. 시장도 그 수순을 기다리고 있었다.

머스크는 그 수순을 비틀었다. 2024년 4월 저가형 전기차 계획이 늦춰질 수 있다는 보도가 나오자 그는 반사적으로 다른 미래를 앞으로 끌어왔다. "로보택시 공개는 8월 8

일"이라고 못 박아버린 것이다.

이 결정이 노골적이었던 이유는 간단하다. 저가형 차는 '더 좋은 제조'의 문제지만, 로보택시는 '회사의 정체성' 문제다. 저가형 차를 출시하면 테슬라는 다시 판매량 경쟁의 링으로 들어간다. 가격표, 마진, 재고, 딜러(혹은 직판) 같은 오래된 전쟁 규칙이 기다린다. 반면 로보택시를 전면에 세우면 질문이 완전히 달라진다. 차 한 대를 파는 회사가 아니라 이동 서비스를 운영하는 회사가 되겠다는 얘기이기 때문이다.

머스크는 테슬라가 다시 자동차 산업의 관성에 묶이는 걸 싫어했다. 그는 다음 차를 내는 대신 다음 산업의 문법을 먼저 내세우려 했다. 하지만 로보택시는 말로만 밀어붙일 수 있는 주제가 아니었다. 2024년 7월 로보택시 공개가 8월에서 10월로 미뤄졌다는 보도가 나왔다. 디자인 팀이 더 많은 프로토타입을 만들 시간을 요구했고, 머스크가 디자인 변경을 주문했다는 얘기도 나왔다.

머스크식으로 말하면, 이런 지연은 실패가 아니라 우선순위가 진짜였다는 증거에 가깝다. 정말로 회사의 중심축을 옮기려면, 일정이 아니라 내부 자원을 갈아 끼워야 한다. 그 과정에서 가장 먼저 표면으로 드러나는 게 공개 일정의 흔들림이다. 팀이 붙었다는 뜻이고, 설계가 고정되지 않았다는 뜻이며, 무엇보다 "그걸 지금 하겠다"는 고집이 실제 비용으로 지불되고 있다는 뜻이다.

그해 10월 로보택시 공개 행사는 결국 할리우드 스튜디오(워너브러더스 부지)에서 진행될 거라는 보도까지 나온다. 자동차 발표를 공장이나 전시장 대신 세트장에서 하겠다는 선택은 상징적이었다. 로보택시는 차가 아니라 '운영되는 장면'을 팔아야 하기 때문이다.

운전석이 없는 차는 기능을 설명한 스펙표보다 장면이 먼저다. 사람들은 배터리 용량보다 "진짜로 이게 도로에서 굴러가나"를 보고 싶어 한다. 그래서 머스크는 제품 공개를 차 런칭이 아니라 미래의 도시를 미리 찍는 촬영에 가깝게 설계하려 했다.

로보택시를 테슬라의 미래로 재지정하는 순간, 테슬라 내부의 우선순위도 같이 바뀐다. 저가형 차는 부품 단가와 공정 혁신이 핵심이지만, 로보택시는 FSD(완전자율주행)가 사실상 엔진이자 핵심이다. 그러니 회사의 자원은 자연스럽게 차체 개발보다 인지·판단·학습으로 더 쏠리게 되는 것이다.

이때부터 테슬라의 경쟁 상대도 애매해진다. 전통 완성차만이 아니라, 지도·플릿 운영·규제 대응을 하는 플랫폼 기업들과 같은 테이블에 앉게 된다. 자동차 회사가 '차를 얼마나 잘 만드느냐'를 두고 싸우는 게임에서, '도시에서 서비스를 얼마나 안정적으로 굴리느냐'를 두고 싸우는 게임으로 넘어가는 셈이다.

물론 이 결정은 위험하다. 로보택시는 한 번의 데모로 시장을 설득할 수 없다. 지역 규제, 보험, 사고 책임, 운영 인프라가 붙고, 무엇보다 '기술이 도로에서 반복적으로 버티는지'가 핵심이 된다.

그래서 머스크는 로보택시를 발표로 끝내지 않으려 한다. 발표는 시작일 뿐이고, 진짜 싸움은 그 다음 날부터의 운영이다. 그가 로보택시를 테슬라의 미래로 재지정한 건 테슬라가 돈을 버는 방식의 우선순위를 통째로 갈아 끼우는 작업이었다.

★ 머스크의 이 결정 이후 — 로보택시 공개 시점이 2024년 8월에서 10월로 미뤄지는 과정 자체가 테슬라 내부에서 '다음 저가형 차'보다 '자율주행 기반 서비스'에 더 많은 설계·인력·시간이 배정되고 있음을 시장에 노출시켰고, 경쟁사와 규제 당국은 '테슬라의 다음 승부가 판매량이 아니라 운영 모델'이라는 전제로 대응을 준비하게 될 가능성이 커졌다.

43 AI와 로봇을 그룹의 중심으로 재편하다

2025년으로 접어들면서 테슬라를 설명하는 문장은 점점 어색해졌다. 실적 발표 자리에서 투자자들이 묻는 질문도 바뀌었다. "전기차 수요는 언제 회복되나?"보다 "지금 테슬라의 핵심 제품이 뭐냐?"라는 질문이 더 많이 나왔다. 자동차 판매는 여전히 매출의 대부분을 차지했지만, 머스크의 관심은 점점 다른 곳에 가 있었다. 그는 반복해서 '지능'과 '노동'이라는 단어를 꺼냈다.

2024년 말부터 테슬라 내부에서는 조직 재편이 이어졌고, 자동차·에너지·로보틱스·AI로 흩어져 있던 개발 흐름이 하나의 축으로 묶이기 시작했다. 중심에는 자율주행

(FSD), 옵티머스 로봇, 그리고 이를 학습시키는 연산 인프라가 있었다. 머스크는 이 셋을 별개의 사업이 아니라 하나의 시스템으로 보기 시작했다. 차는 이동하는 센서이고, 로봇은 움직이는 액추에이터이며, AI는 그 둘을 동시에 굴리는 뇌라는 계산이었다.

이때 중요한 전제가 하나 있었다. 테슬라는 더 이상 '자동차 회사+부가사업'으로 유지될 수 없다는 판단이다. 전기차 시장은 빠르게 평준화되고 있었고, 가격 경쟁은 제조 역량만으로 버티기 어려운 단계로 들어가고 있었다. 머스크는 여기서 길을 나눈다. 더 효율적인 자동차 회사가 되느냐, 아니면 자동차를 학습 장치로 사용하는 AI 회사가 되느냐? 그는 후자를 택했다.

이 결정은 회사의 우선순위를 명확히 바꿨다. 신차 라인업보다 FSD의 학습 속도가 더 중요해졌고, 공장 자동화는 생산 효율보다 로봇 실험장의 성격이 강해졌다. 옵티머스는 쇼를 위한 데모가 아니라 실제 공정에 투입될 전제로 설계되기 시작했다. 기존에 사람이 하던 반복 작업을 로봇이 맡고, 그 과정에서 발생하는 모든 실패와 오류가 다시 AI

학습 데이터로 들어가는 구조였다. 이로써 차와 로봇이 동시에 데이터를 만들고, AI가 그 데이터를 흡수하는 폐쇄 루프가 형성되었다.

머스크는 이 구조를 그룹의 중심으로 끌어올렸다. 자동차·에너지·로봇을 각각의 사업으로 관리하면, 성과는 분기 실적에 묶인다. 하지만 AI를 중심에 두면 시간의 단위가 달라진다. 분기 대신 학습 곡선이 기준이 된다. 그는 테슬라를 매출 그래프보다 손실 함수로 관리하려 했다. 잘 팔리는 모델보다, 얼마나 빠르게 판단 정확도가 올라가느냐가 더 중요해진 것이다.

이 재편은 외부에서는 "자동차를 소홀히 한다"는 비판으로 보였다. 실제로 모델 출시 주기는 늘어졌고, 저가형 차량 계획은 뒤로 밀렸다.

하지만 그의 계산은 달랐다. 그는 자동차 하드웨어가 이미 충분히 성숙 단계에 들어섰다고 봤다. 반면 로봇과 자율주행 지능은 아직 초기 단계였다. 자원이 한정되어 있다면, 성장 곡선이 가장 가파른 쪽에 몰아야 한다는 것이 그의 판단이었다.

AI와 로봇을 중심에 두자, 테슬라의 경쟁 구도도 바뀌었다. 비교 대상은 더 이상 GM이나 폭스바겐만이 아니었다. 구글, 엔비디아, 오픈AI 같은 기업들이 같은 문장에 등장하기 시작했다. 자동차 회사가 AI 기업들과 경쟁 테이블에 올라간 셈이다. 머스크는 이 충돌을 피하지 않았다. 오히려 "자동차 회사로 남는 순간, 우리는 이길 수 없다"는 메시지를 내부에 반복해서 전달했다.

이 결정의 또 다른 의미는 리스크의 이동이다. 자동차는 규제가 명확하고, 실패의 비용이 비교적 예측 가능하다. 반면 AI와 로봇은 규제도, 시장도 아직 굳지 않았다. 성공하면 판을 바꾸지만, 실패하면 설명조차 어렵다. 머스크는 그 불확실성을 줄이려 하지 않았다. 대신 자동차 사업이라는 현금 흐름을 방패삼아 가장 불확실한 영역을 그룹의 심장부로 끌어왔다.

이 지점에서 테슬라는 더 이상 '전기차 회사가 AI를 한다'는 설명으로는 부족해졌다. AI를 만들기 위해 차를 만들고, 로봇을 만들기 위해 공장을 굴리는 회사에 가까워졌다. 머스크가 말한 "테슬라는 결국 AI 회사"라는 문장은 슬로건이 아니라 조직도에 가까웠다. 의사결정의 기준, 인재 채용의 우선순위, 자본 배분의 방향이 모두 그 문장에 맞춰 움직이기 시작했다.

★ 머스크의 이 결정 이후 — 테슬라의 실적과 무관하게 시장은 이 회사를 전기차 판매량보다 자율주행·로봇·연산 역량으로 평가하기 시작했고, '차를 얼마나 파느냐'보다 '지능을 얼마나 빠르게 학습시키느냐'가 기업 가치의 핵심 변수로 떠오르게 될 가능성이 커졌다. 동시에 테슬라는 자동차 산업이 아니라 AI·로보틱스 산업의 경쟁 규칙을 먼저 맞닥뜨리는 회사가 되었다.

44 프리미엄 모델 S/X의 생산 종료를 결정하다

2026년 초 테슬라는 가장 오래된 상징을 스스로 접었다. 모델 S와 모델 X. 한때 테슬라를 '미래의 자동차 회사'로 보이게 만든 주력 모델이자, 브랜드의 프리미엄 이미지를 떠받치던 라인이었다. 외부에서는 이해하기 어려운 선택이었다. 수익성이 나쁘지 않았고, 여전히 충성 고객층도 존재했다. 보통의 자동차 회사라면 이런 모델은 최대한 오래 끌고 간다. 마진이 남고, 개발비가 회수되었고, 브랜드 서사도 갖췄기 때문이다.

하지만 머스크는 완전히 다른 계산을 했다. 그에게 S/X 라인은 더 이상 자산이 아니라 지연이었다.

이 결정의 배경에는 시간표의 문제와 공간의 문제가 동시에 있었다. 테슬라의 공장은 한정되어 있고, 그 안에서 무엇을 찍어내느냐는 곧 회사가 어디로 가느냐를 결정한다. 프리미엄 세단과 SUV를 계속 생산하는 순간, 공장은 과거의 성공을 반복하는 공간이 된다. 반대로 그 라인을 비워야만, 완전히 다른 제품을 넣을 수 있다. 머스크는 이 선택을 '무엇을 더 팔 것인가'가 아니라 '무엇을 더 이상 만들지 않을 것인가'의 문제로 보았다.

모델 S와 X는 기술적으로도 애매한 위치에 놓여 있었다. 최신 제조 방식과 완전히 맞지 않았고, 대량 자동화를 전제로 설계된 차도 아니었다. 오히려 숙련 인력과 수작업 비중이 남아 있는, 과도기적 제품에 가까웠다. 머스크에게 이는 불편한 신호였다. 테슬라는 점점 '사람이 만드는 차'에서 '기계가 만드는 시스템'으로 이동하고 있었는데, S/X 라인은 그 흐름을 끊어놓고 있었기 때문이다.

또 하나의 이유는 조직의 집중력이다. 프리미엄 모델은 늘 '조금 더 좋게' 만들 여지를 남긴다. 인테리어를 바꾸고, 옵션을 추가하고, 고객 요구를 반영한다. 이런 개선은 분기 실적에는 도움이 되지만, 방향을 바꾸지는 못한다. 머스크는 그 에너지가 다른 곳으로 새고 있다고 봤다. 자율주행, 로봇, 공장 자동화, AI 연산 등의 영역들은 모두 미완성 상태였고, 자원이 부족했다. 그는 완성에 가까운 제품을 다듬는 데 쓰이는 시간과 인력을, 완성까지 먼 영역으로 옮기고 싶어 했다.

그래서 그는 상징을 과감히 자른다. 가장 오래되었고, 가장 많이 칭찬받았던 모델부터 내려놓는다. 이 결정은 내부적으로도 쉽지 않았다. S/X는 테슬라 엔지니어들에게 '첫 성공의 기억'에 가까웠다. 하지만 머스크는 과거의 성공이 현재의 판단을 흐리게 만드는 순간을 경계했다.

외부에서는 이 결정을 "프리미엄 포기"로 해석했다. 실제로 단기 매출에는 공백이 생겼고, 브랜드 이미지에 대한 질문도 따라붙었다. 하지만 머스크는 프리미엄을 가격이나 옵션으로 정의하지 않았다. 그는 '미래에 필요한 기술을 누가 먼저 갖느냐'가 새로운 프리미엄이 될 거라고 봤다. 그 기준에서 보면 S/X는 이미 역할을 마친 제품이었다.

생산 종료는 단순한 라인 정리가 아니라 공간의 재배치

였다. 프리몬트와 다른 공장에서 비워진 자리에는 로봇, 자동화 설비, 새로운 실험이 들어오기 시작했다. 차를 찍어내던 공간이, 차와 로봇을 동시에 학습시키는 공간으로 바뀌었다. 머스크는 공장을 제조 시설이 아니라 지능 훈련소로 전환하고 있었다.

이 결정은 테슬라의 정체성을 더 분명하게 만들었다. 테슬라는 더 많은 차를 더 비싸게 파는 회사가 아니라, 자동차를 발판으로 다음 산업으로 이동하는 회사가 되고자 하는 것이다. 모델 S/X를 접는 순간, 테슬라는 메시지를 보냈다. "우리는 과거의 성공을 지키는 회사가 아니다"

★ 머스크의 이 결정 이후 — 테슬라는 프리미엄 모델의 판매량보다 공장 활용도와 AI·로봇 실험 속도로 평가받기 시작했고, '어떤 차를 더 팔 것인가'보다 '어떤 시스템을 먼저 완성할 것인가'가 회사의 핵심 질문으로 이동했다. 모델 S/X의 종료는 제품 하나의 끝이 아니라 테슬라가 과거의 정체성을 공식적으로 내려놓았다는 신호로 남게 되었다.

45 공장을 로봇 생산 거점으로 과감하게 전환하다

2026년 초 테슬라 내부에서 공장의 성과를 보는 기준이 바뀌었다. '차를 몇 대 찍어냈는가'가 아니라 '얼마나 많은 반복을 통해 학습했는가'였다. 머스크는 공장을 매출의 끝이 아니라 데이터의 시작으로 보기 시작했다. 생산량이 아니라 생산 과정에서 발생하는 오류·지연·재작업이 더 중요해졌다. 그 모든 것이 로봇과 AI를 훈련시키는 입력값이었기 때문이다.

이 시점에서 앞서 소개한 '프리미엄 모델 S/X의 생산 종료'는 전제가 된다. 비워진 라인은 단순히 다른 차를 넣기 위한 공간이 아니었다. 머스크가 원한 것은 사람이 일하는 공장이 아니라 기계가 일하는 공장이었다. 더 정확히 말하면, 기계가 일하면서 스스로를 개선하는 공장이었다.

그가 공장을 다시 설계한 이유는 단순하다. 로봇은 연구실에서 완성되지 않는다. 시연 무대에서도 완성되지 않는다. 로봇은 반복되는 현실 속에서만 학습한다. 같은 동작을 수만 번 수행하고, 매번 미세하게 다른 실패를 겪고, 그 실패를 누적해야 한다. 머스크는 이 조건을 충족하는 장소가 이미 존재한다는 걸 알고 있었다. 바로 테슬라의 공장이다.

자동차 공장은 변수의 집합이다. 자재는 항상 같은 위치에 있지 않고, 공정은 늘 미세하게 흔들리며, 일정은 지연되고, 사람의 개입은 예측 불가능하다. 대부분의 로봇 기업은 이런 환경을 피한다. 변수를 줄이기 위해 로봇을 고정된 공간에 가둔다.

하지만 머스크는 공장을 로봇의 시험장이 아니라 훈련장으로 바꾼다. 단순 반복 작업부터 시작해 자재 운반, 분류, 조립 보조까지. 로봇은 사람 옆에 배치되었고, 같은 작업을 수행했다. 실패는 숨기지 않았다. 넘어지고, 멈추고, 잘못 집는 장면이 그대로 데이터가 되었다. 중요한 건 잘하는 모습이 아니라 틀리는 방식이었다.

이 전환에서 머스크가 가장 집요하게 밀어붙인 것은 속도였다. 로봇이 사람보다 느리다는 사실은 문제가 아니었다. 느린 상태로 현장에 투입되는 게 중요했다. 그래야 현실 데이터가 쌓이고, 그 데이터가 다음 업데이트로 연결된다. 그는 완성도를 이유로 현장 투입을 미루지 않았다. 오히려 미완성일수록 더 빨리 넣었다.

공장은 동시에 생산과 학습이 일어나는 공간이 되었다. 자동차는 여전히 만들어졌지만, 더 중요한 산출물은 로봇의 행동 로그였다. 어떤 동작에서 시간이 지연되는지, 어떤 환경에서 오류가 늘어나는지, 사람의 개입이 언제 필요한지. 이 정보는 연구소에서는 얻을 수 없다. 오직 공장에서만 얻을 수 있다.

이 결정은 테슬라의 비용 구조에도 영향을 미쳤다. 로봇은 임금을 받지 않지만, 학습에는 시간이 든다. 머스크는 이를 비용이 아니라 투자로 분류했다. 로봇이 생산성 기준에 도달하기 전까지의 비효율을, 미래의 자동화 수익으로 상쇄할 수 있다고 봤다. 그래서 단기 효율을 희생하는 걸 두려워하지 않았다.

또 하나의 변화는 조직의 시선이었다. 공장 직원들은 더 이상 '로봇에게 자리를 빼앗길 대상'이 아니라 '로봇을 가르치는 존재'가 되었다. 어떤 작업이 어려운지, 어디서 사람이 개입하는지, 어떤 판단이 필요한지를 로봇 개발팀에 피드백했다. 사람과 로봇의 관계는 대체가 아니라 이전 단계의 협업으로 재정의되었다.

머스크에게 이 결정은 자동차 이후를 위한 리허설이었다. 로봇을 팔기 전에, 로봇을 가장 많이 쓰는 회사가 되겠다는 전략이었다. 테슬라는 로봇의 제조사가 아니라, 로봇의 첫 번째 대규모 사용자로 이동하고 있었다.

★ 머스크의 이 결정 이후 — 테슬라 공장은 단순한 제조 시설이 아니라 로봇과 AI가 동시에 학습하는 현장으로 인식되기 시작했고, 로봇 개발의 경쟁 기준은 '시연 능력'보다 '얼마나 많은 현실 데이터를 확보했는가'로 이동했다.

46 AI 인프라 관점에서 태양광과 ESS를 재정렬하다

2026년 초 테슬라의 에너지 부문 즉, 태양광과 ESS(에너지 저장 시스템)을 둘러싼 질문이 다시 던져졌다. "이 사업은 왜 존재하는가?"

매출만 놓고 보면 에너지 부문은 자동차나 AI에 비해 항상 뒤로 밀렸다. 성장 스토리도 분명하지 않았고, 주가를 움직이는 서사도 아니었다. 그래서 외부에서는 오래전부터 같은 말을 반복했다. "태양광은 곁가지다"

하지만 머스크의 판단은 달랐다. 태양광과 ESS는 곁가지가 아니라, AI 시대의 필수 인프라라고 봤다. 다만 문제는 포장이 아니라 관점이었다. 이 사업을 전기 요금 절감이나 친환경 이미지로 설명하는 순간, 핵심을 놓친다는 계산이었다.

AI와 로봇은 전기를 먹는다. 그것도 예측 불가능한 패턴으로, 대량으로, 24시간 내내. 데이터센터는 일정한 부하를 싫어하지 않는다. 오히려 갑작스러운 피크와 불안정한 공급을 가장 두려워한다. 머스크는 이 지점에서 태양광과 ESS를 다시 본다. 전력 생산이 아니라 전력 제어의 문제로.

태양광만으로는 답이 되지 않는다. 햇빛은 변덕스럽다. 그래서 ESS가 붙는다. 중요한 건 이 둘을 얼마나 싸게, 얼마나 빠르게, 얼마나 대규모로 묶을 수 있느냐다. 머스크는 전력을 '생산 → 소비'의 선형 구조가 아니라 '생산 → 저장 → 배분 → 재학습'의 순환 구조로 놓았다. AI가 학습하면서 전력 수요 패턴을 바꾸고, 그 패턴이 다시 저장과 배분을 조정하는 구조다.

이 관점이 고정되자, 에너지 사업의 위치가 바뀌었다. 더 이상 자동차의 보조 사업이 아니었다. AI·로봇·데이터센터를 떠받치는 하부 구조였다. 특히 로봇 공장과 대규모 연산 시설이 동시에 돌아가는 상황에서, 외부 전력망에 전적으로 의존하는 건 리스크였다.

그래서 머스크는 태양광과 ESS를 자급형 AI 인프라의 일부로 재배치한다. 공장과 데이터센터, 충전 인프라를 하나의 전력 생태계로 묶는다. 남는 전력은 저장하고, 필요한 순간에 즉시 끌어쓴다. 이 구조에서는 전기 요금이 아니라 연산 단가가 핵심 지표가 된다. 전기를 얼마나 싸게 쓰느냐가 아니라 연산 1단위를 얼마나 안정적으로 유지하느냐다.

이 결정은 단기 수익성보다는 장기 통제력을 겨냥했다. 태양광과 ESS는 마진이 얇고, 설치는 느리며, 규제는 복잡하다. 하지만 한 번 깔리면 쉽게 대체되지 않는다. 머스크는 이 점을 알고 있었다. 도로 위의 슈퍼차저처럼, 전력 인프라도 먼저 깔아두는 쪽이 결국 기준을 만든다.

또 하나의 변화는 설계 철학이었다. 에너지 제품은 더 이상 가정용이나 산업용으로 나뉘지 않았다. AI 인프라를 기준으로 재정렬되면서, 모듈화·대형화·소프트웨어 제어가 전면에 나왔다. 전력 흐름은 센서와 알고리즘으로 관리되고, 저장과 방출은 실시간으로 최적화된다. 에너지도 결국 데이터가 되었다.

머스크는 이 사업을 크게 홍보하지 않았다. 이유는 간단하다. 이건 소비자에게 팔 이야기가 아니라 미래 비용을 낮추는 결정이었기 때문이다. AI 경쟁에서 중요한 건 모델 크기만이 아니라 그 모델을 돌리는 전력의 안정성과 가격이다. 그는 에너지 문제를 뒤로 미루지 않았다. 가장 먼저 바닥을 다졌다.

태양광과 ESS를 다시 배치한 이 결정은, 테슬라가 무엇을 만드는 회사인지에 대한 정의를 다시 쓴다. 자동차도, 로봇도, AI도 결국 전기를 먹는다. 머스크는 그 전기의 흐름을 외부 변수로 남겨두지 않기로 했다.

★ 머스크의 이 결정 이후 — 태양광과 ESS는 친환경 서사가 아닌 AI·연산 인프라의 핵심 구성 요소로 재해석되기 시작했고, 대규모 AI·로봇 기업들이 전력 자급과 저장 능력을 경쟁력의 일부로 계산하기 시작했다. 에너지는 비용 항목이 아니라 연산과 자동화를 가능하게 하는 전략 자산으로 이동하고 있다.

47 AI와 로보틱스를 테슬라의 본체로 끌어올리다

로봇은 갑자기 등장하지 않았다. 옵티머스는 이미 무대에 있었고, 데모도 반복되었다. 하지만 2025~2026년으로 넘어오면서 머스크의 판단은 한 단계 더 나아간다. 로보틱스를 미래 옵션이나 실험 프로젝트로 두지 않고, 테슬라의 중심 업무로 끌어올린 것이다. 자동차·에너지·AI가 주변으로 밀리고, 로봇이 가운데로 들어왔다.

이 변화의 신호는 조직 개편, 자본 배분, 경영 메시지 등 여러 곳에서 동시에 나타났다. 무엇보다 앞에서도 이야기했듯이 공장의 역할이 바뀌었다. 공장은 더 이상 자동차를 만드는 장소가 아니었다. 로봇을 훈련하고 증식시키는 공간으로 재정의되었다. 자동차는 그 과정에서 만들어지는 하나의 결과물에 가까워졌다.

머스크가 로보틱스를 본체로 올린 이유는 기술의 완성도가 아니었다. 오히려 불완전함 때문이었다. 로봇은 아직 느리고, 비싸고, 고장도 잦다. 그럼에도 그는 이 시점에 중심을 옮겼다. 이유는 단순했다. 학습 곡선은 투입량에 비례하기 때문이다. 도로 위의 자율주행처럼, 로봇도 현실 투입 없이는 결코 좋아지지 않는다.

그래서 그는 로봇을 보호하지 않았다. 공장 바닥으로 밀어 넣었다. '반복 작업, 위험 작업, 지루한 작업'부터 로봇에게 맡겼다. 실패는 발생했고, 넘어짐과 정지는 일상이었다. 하지만 그 모든 사건이 데이터로 흡수되었다. 머스크의 기준에서 로봇의 가치는 지금 잘하느냐가 아니라, 다음 달에 얼마나 달라지느냐였다.

이 결정의 핵심은 비용 구조였다. 로봇이 사람을 대체하려면, 도덕이나 미래 담론이 아니라 숫자로 이겨야 한다. 그는 로봇을 보조 장비로 설계하지 않았다. 처음부터 노동을 대체하는 것을 전제로 놓았다. 그 결과 설계 목표가 달라졌다. 친절함보다 가동 시간, 섬세함보다 내구성, 개별 기능보다 범용성으로.

여기서 테슬라의 기존 자산이 연결된다. 자동차에서 축적한 제조 자동화, 배터리, 모터, 센서, 그리고 무엇보다 대규모 소프트웨어 업데이트 경험. 로봇은 새로운 산업이 아니라, 기존 산업의 연장선에 있었다. 머스크는 로봇을 위해 새로운 회사를 만들지 않았다. 이미 가진 구조를 로봇 쪽으로 기울였다.

조직 문화도 바뀌었다. 로봇 팀은 연구소의 언어보다 공장의 언어를 썼다. '얼마나 정확한가'보다 '얼마나 오래 버티는가'로. 실패 보고는 줄어들고, 수정 주기는 짧아졌다. 로봇은 전시물이 아니라 운영 자산이 되었다.

이 시점부터 테슬라의 경쟁자는 자동차 회사가 아니었다. 전통 로봇 기업도 아니었다. 머스크가 상대하는 것은 인간 노동의 비용 구조였다. 그는 임금, 근무 시간, 숙련도, 안전 규정 등 모든 변수를 하나의 질문으로 바꿨다. "로봇이 더 싸고, 더 오래 일할 수 있는가?"

그래서 로보틱스는 선택이 아니라 귀결이었다. 자동차가

전기화되면 소프트웨어가 중요해지고, 소프트웨어가 쌓이면 자율성이 생기며, 자율성이 극대화되면 결국 물리 세계로 나온다. 로봇은 그 마지막 단계였다. 머스크는 그 순서를 거꾸로 보지 않았다.

이 결정은 테슬라의 정체성을 확정한다. 더 이상 '자동차 회사가 로봇도 한다'가 아니라 '로봇 회사가 자동차를 포함한 여러 하드웨어를 운용한다'에 가깝다. 로보틱스가 본체가 되자, 나머지 사업은 그를 보조하는 인프라로 정렬되기 시작했다.

★ 머스크의 이 결정 이후 — 로봇은 데모와 발표의 대상에서 실제 투입과 비용 계산의 대상으로 이동했고, 로보틱스는 연구 분야가 아니라 기업의 핵심 운영 전략으로 재분류되기 시작했다. 자동화 경쟁의 기준은 '얼마나 많은 로봇이 실제 현장에서 돌아가고 있는가'로 빠르게 바뀌고 있다.

48 AI를 위한 데이터센터를 우주에 만들기로 하다

2026년 초 머스크는 "AI의 병목은 더 이상 알고리즘이 아니다"라는 말을 반복하기 시작했다. 연산 성능은 충분히 빠르게 좋아지고 있었고, 모델 구조도 이미 경쟁 구간에 들어섰다. 문제는 다른 데 있었다. 전력과 냉각, 공간이었다.

AI는 계산보다 인프라의 문제로 이동하고 있었다. 지상 데이터센터는 한계에 다다르고 있었다. 대규모 연산을 돌릴수록 전력 소비는 폭증했고, 열은 비용이 되었다. 물과 전기를 안정적으로 공급할 수 있는 부지는 제한적이었고, 지역 주민·환경 규제·정치적 이해관계가 얽히며 확장은 느려졌다. 데이터센터는 더 이상 '서버를 놓는 공간'이 아니라

‘국가 인프라와 정면으로 충돌하는 대상’이 되고 있었다.

머스크는 이 병목을 낯설지 않게 바라봤다. 그는 이미 비슷한 문제를 여러 번 겪었다. 로켓 발사가 느린 이유는 기술이 아니라 규제와 인프라였고, 통신이 안 되는 이유는 기지국이 아니라 지리와 비용이었다. 그때마다 그는 같은 선택을 했다. 병목을 해결하지 않고, 병목을 피해갔다. 이번에도 방향은 같았다. “그럼 지상을 벗어나면 된다”

우주 데이터센터라는 발상은 공상처럼 들릴 수 있었다. 하지만 머스크에게 이건 과장이 아니라 계산에 가까웠다. 우주에는 태양광이 풍부하고, 냉각은 진공 상태에서 훨씬 효율적이며, 공간은 사실상 무한에 가깝다. 무엇보다 전력·냉각·부지라는 세 가지 병목이 동시에 사라진다.

이 결정이 가능했던 이유는 스페이스X의 존재였다. 우주로 무언가를 올리는 비용이 여전히 수천 달러/kg이라면, 이 발상은 탁상공론에 그쳤을 것이다. 하지만 재사용 로켓과 스타십 개발로 발사 비용은 급격히 낮아지고 있었다. 머스크는 로켓을 운송수단이 아니라 AI 인프라의 일부로 보기 시작했다.

그의 머릿속에서 계산은 이렇게 이어졌다. “로켓이 싸지면, 위성이 싸진다. 위성이 싸지면, 궤도 위에 전력·연산 장비를 올릴 수 있다. 그러면 데이터센터도 더 이상 땅에 있을 이유가 없다”

이 발상은 단순히 xAI를 위한 실험이 아니었다. 스타링크 위성망, 우주 태양광, 로봇 유지보수까지 하나의 그림으로 묶여 있었다. 우주 데이터센터는 통신망의 상단이자, AI 연산의 종착지가 된다. 데이터는 지상에서 생성되지만, 처리와 학습은 우주에서 이뤄진다. 머스크는 연산을 국가와 지역의 규제에서 떼어내고 싶어 했다.

여기에는 지정학적 계산도 깔려 있었다. AI 인프라는 곧 안보 인프라가 된다. 어느 나라 땅에 서버를 두느냐는 곧 어느 나라 법을 따르느냐의 문제다. 우주에 두면 이야기가 달라진다. 규제는 느려지고, 관할은 흐려진다. 그는 통신에서 이미 이 방식을 써봤다. 스타링크는 특정 국가의 통제 밖에서 작동하며, 그 덕분에 전쟁과 재난 상황에서 강력한 영향력을 가졌다. 우주 데이터센터 역시 같은 논리였다. AI를 국가 인프라에서 떼어내는 선택이었다.

물론 이 결정은 기술적·윤리적 논쟁을 동시에 불러왔다. 우주 쓰레기 문제, 군사적 활용 가능성, 에너지 독점 우려까지. 하지만 머스크는 이 단계에서 논쟁을 먼저 정리하려 하지 않았다. 그는 늘 그래왔듯, 가능한 구조를 먼저 깐 후에 논쟁은 나중에 따라오게 만들었다.

머스크에게 AI는 더 이상 소프트웨어 산업이 아니다. 에너지·우주·로보틱스를 관통하는 인프라 산업이다. 그는 데이터센터를 더 크게 짓는 대신, 데이터센터가 있어야 할 위치를 다시 정의했다. 이건 성능 경쟁이 아니라 위치 경쟁이었고, 알고리즘 경쟁이 아니라 물리적 인프라 경쟁이었다.

우주 데이터센터는 아직 계획 단계에 가깝다. 당장 수익을 낼 프로젝트도 아니다. 하지만 머스크는 이 결정을 통해 AI 경쟁의 시간을 다시 늘려버렸다.

★ 머스크의 이 결정 이후 — AI 인프라 경쟁은 모델·칩을 넘어 전력·입지·우주 접근성으로 확장되기 시작했고, 대형 테크 기업들 사이에서 '데이터센터를 어디까지 분산시킬 수 있는가'가 장기 전략의 핵심 변수로 떠올랐다. 이제 AI는 문명 인프라의 문제가 되기 시작했다.

49 스타링크 전용 스마트폰을 직접 제작하기로 하다

2026년 2월 로이터 통신은 스페이스X가 '스타링크 전용 스마트폰' 출시를 준비 중이라고 보도했다. 머스크는 즉각 "급박하게 추진 중인 프로젝트는 아니다"라고 선을 그었다. 하지만 업계는 이 발언을 부인으로 받아들이지 않았다.

스타링크는 시작부터 통신 회사처럼 움직이지 않았다. 기존 통신사처럼 기지국을 깔고, 주파수를 사고, 국가별로 규제 기관과 협상해 커버리지를 넓히는 방식을 택하지 않았다. 머스크는 망을 협상으로 얻지 않고, 물리로 먼저 깔았다. 2020년대 초 베타 서비스를 열어 실제 가입자를 받았고, 같은 시기 스페이스X는 발사 빈도를 끌어올려 저궤도 위성을 대량 배치했다. 몇 년 사이 궤도에 올라간 위성 수는 '통신사 인프라'라는 말로는 설명이 안 되는 규모가 되었다.

6년간 1만 기에 달하는 저궤도 위성을 발사하며 스타링크는 세계 최대 위성 인프라로 성장했다. 전 세계 가입자는 900만 명을 넘어선 것으로 추정된다. 중요한 건 '인터넷이 된다'는 기술 시연이 아니라 '사람들이 실제로 요금을 내고 쓰기 시작했다'는 점이었다. 스타링크는 더 이상 실험이 아니었다. 이미 운용되는 통신망이었고, 매출의 절반 이상을 책임지는 스페이스X의 핵심 사업이 되었다.

이 과정에서 방향은 점점 명확해졌다. 스타링크의 위성 중 약 650기는 휴대폰 등 단말과 직접 통신이 가능한 D2D(direct-to-device) 서비스용으로 설계되었다. 접시 안테나를 설치해야 하는 위성 인터넷에서, 손에 쥔 기기와 직접 연결되는 통신으로 목표가 이동한 것이다. 남은 질문은 하나였다. 이 연결을 누가 통제하느냐였다.

여기서 선택지는 두 가지였다. 기존 스마트폰 제조사와 협력해 스타링크를 보조망으로 얹는 방식, 혹은 단말까지 직접 가져오는 방식이다. 머스크는 후자를 택했다. 스타링크폰은 기존 스마트폰에 위성 연결 기능을 덧붙이는 형태가 아니다. 스페이스X가 처음부터 단말을 설계하고, 위성망과 일체로 묶는 구조다. 망과 단말을 분리하지 않겠다는 결정이었다.

통신 산업에서 가장 많은 이익과 권력을 가져가는 쪽은 망도, 단말도 아니다. 망과 단말 사이의 통제권을 쥔 주체다. 머스크는 스타링크를 단순한 인터넷 서비스로 남겨두지 않았다. 요금제, 단말, 위성, 발사체까지 하나의 수직 구조로 묶었다. 로켓을 가진 통신사이자, 단말을 직접 만드는 위성 기업이라는 형태가 여기서 완성된다.

징후는 이미 나타나 있었다. 2025년 말, 테슬라 생태계와 연동되는 AI 스마트폰 '파이폰'이 FCC 인증을 통과했다. 이 단말은 테슬라 차량, X, xAI와의 연동을 전제로 설계된 기기였다. 스타링크폰은 이 생태계의 외부 확장판에 가깝다. 차량 안에서, 도로 위에서, 지상망이 닿지 않는 지역에서도 동일한 네트워크 경험을 제공하는 구조다. 머스크가 반복해 말해온 "연결은 끊기지 않아야 한다"는 집착이 단말의 형태로 내려온 순간이었다.

경제적 계산도 분명했다. 스타링크는 이미 스페이스X 전체 매출의 절반 이상을 차지하는 사업으로 성장했다. 연 매출 150억~160억 달러 중 최대 80%가 스타링크에서 나온다는 추정도 나온다. 망만 파는 사업은 결국 가격 경쟁에 노출된다. 하지만 단말까지 가져오면 이용자는 통신사가 아니라 시스템 전체에 묶인다.

이 결정은 기존 통신업계에게는 불편하다. 기지국이 없는 통신, 로밍이 필요 없는 단말, 국가 경계를 넘는 요금제가 통신업계는 큰 위협이다. 스타링크폰은 새로운 스마트폰이 아니라, 통신 산업의 경계선을 흐리는 장치인 것이다.

스타링크의 위성 배치, D2D 설계, 요금제 운영, 단말 인증까지 이어진 흐름을 보면 이미 결론은 정해져 있다. 망을 깔았고, 요금을 받았고, 이제 손에 쥘 형태만 남았다.

★ 머스크의 이 결정 이후 — 스타링크는 위성 인터넷 서비스를 넘어 단말–요금제–망이 결합된 통신 플랫폼으로 진화할 가능성이 커졌고, 통신 산업의 경쟁 기준은 '기지국 보유량'이 아니라 '누가 연결의 시작과 끝을 동시에 통제하느냐'로 이동하게 될 것이다.

50 스페이스X와 xAI의 합병으로 수직통합을 확정하다

머스크의 회사들은 오래전부터 느슨하게 연결되어 있었다. 로켓은 위성을 올리고, 위성은 데이터를 만들고, 데이터는 AI를 키우고, AI는 다시 로봇과 차량으로 내려온다. 다만 그 연결은 공식적 구조가 아니라 사람 하나의 의사결정으로만 유지되고 있었다. 스페이스X, 테슬라, xAI, X는 서로 영향을 주고받았지만, 법적으로는 분리된 세계였다.

2025~2026년을 거치며 이 애매한 상태가 한계에 다다른다. AI 연산은 폭발적으로 늘어나고 있었고, 데이터 확보는 곧 경쟁력의 핵심이 되었다. 문제는 연산과 데이터가 모두 외부 조건에 묶여 있다는 점이었다. GPU 공급망은 불안

정했고, 전력과 데이터센터는 병목이었으며, 규제와 비용은 계속 쌓였다. 머스크는 이 구조가 오래 가지 못한다고 생각했다.

xAI는 이 문제를 가장 정면에서 드러낸 조직이었다. 거대 언어 모델을 키우려면 막대한 연산과 데이터가 필요하다. 하지만 외부 클라우드에 의존하는 순간, 속도와 통제권은 남의 손에 넘어간다. 머스크는 이를 "AI를 남의 공장에 맡기는 것"이라고 표현했다. 그에게 AI는 소프트웨어가 아니라 물리 인프라 산업이었다.

이 지점에서 스페이스X가 다시 중심으로 들어온다. 스페이스X는 이미 로켓을 갖고 있었고, 위성을 띄우고 있었으며, 전 세계에서 데이터를 수집하고 있었다. 스타링크는 단순한 통신망이 아니라 지구 전체에 깔린 데이터 수집 장치에 가까웠다. 여기에 AI 연산을 붙이면, 클라우드–통신–연산–전력까지 하나의 수직 구조로 묶을 수 있다.

머스크는 더 이상 '협력'이라는 모호한 상태를 유지하지 않기로 한다. 스페이스X와 xAI를 결합해, 연산·데이터·전력을 하나의 운영체계 안으로 끌어들인다. 이는 인수나 제휴의 문제가 아니라 통제 범위를 어디까지 확장할 것인가의 문제였다. 그는 외주와 계약으로 버티는 대신, 구조를 소유하는 쪽을 택했다.

이 결정은 비용 절감이나 효율의 문제가 아니었다. 속도의 문제였다. AI 개발에서 가장 큰 리스크는 성능이 아니라 지연이다. 연산이 막히면 학습이 늦어지고, 학습이 늦어지면 제품이 늦어진다. 머스크는 이 지연을 외부 변수로 남겨두지 않겠다고 판단했다. 그래서 AI의 병목을 우주로 밀어올리는 선택을 한다.

스페이스X와 xAI의 결합은 단순한 합병이 아니다. AI를 지상 산업에서 떼어내 우주 인프라로 옮기는 결정이다. 데이터센터는 땅 위의 부동산이 아니라, 궤도 위의 자산이 되고, 연산은 전력 가격과 규제에서 상대적으로 자유로운 영역으로 이동한다. 머스크는 AI 경쟁을 알고리즘 싸움이 아니라, 물리적 인프라 싸움으로 재정의했다.

이 구조가 완성되면, 경쟁자는 단순한 AI 회사가 아니다. 클라우드를 가진 기업, 통신망을 가진 기업, 에너지를 가진 기업과 동시에 경쟁해야 한다. 머스크는 그 전장을 하나로 묶어버렸다. AI를 만들기 위해 더 많은 파라미터를 쌓는 대신, AI가 자라는 환경 자체를 소유하는 쪽을 택한 것이다.

머스크의 이 결정은 언제나 그랬듯 빠르고 과격해 보인다. 하지만 이 결정은 즉흥이 아니다. 로켓 – 위성 – 통신 – 단말 – AI – 로봇으로 이어진 긴 흐름의 종착점에 가깝다. 그는 기술을 통합한 것이 아니라 지연을 제거했다. 외부 협상, 외부 계약, 외부 일정에 묶이는 시간을 잘라냈다.

머스크에게 합병은 규모를 키우는 수단이 아니다. 되돌릴 수 없는 구조를 고정하는 장치다. 스페이스X와 xAI의 결합은 "AI도 결국 인프라 산업"이라는 그의 판단을 공식화한 순간이다. 이제 AI는 실험실이 아니라 로켓과 같은 급의 산업으로 취급된다.

★ 머스크의 이 결정 이후 — AI 경쟁은 '모델 성능'을 넘어 '누가 연산·데이터·전력을 동시에 통제하느냐'의 싸움으로 이동하게 될 것이다. 또한 우주 인프라는 통신을 넘어 AI 산업의 핵심 기반으로 재편되기 시작할 것이다.

\+ TIPS

머스크의 결정방식 5:
성공을 폐기하고 다음 판을 열다

5장의 결정들은 대중에게 가장 당혹스럽고 심지어 공포스럽게까지 다가온다. 잘 팔리는 저가형 모델을 보류하고, 수익을 내던 플래그십 라인을 뜯어내며, 자동차 제조사라는 정체성을 로봇 기업으로 전격 갈아엎는다. 여기서 머스크의 가장 위대한 결정 방식이 드러난다. 바로 '과거의 성공을 미래의 연료로 태워버리는 것'이다.

대부분의 기업은 성공한 모델을 지키기 위해 거대한 방어망을 친다. 현금을 쌓고, 기존 점유율을 유지하며, 점진적인 변화를 모색한다. 실패보다 무서운 것이 '성공의 상실'

이기 때문이다. 하지만 머스크는 성공이 안락함이 되는 순간, 그 성공이 다음 진화의 가장 큰 병목이 된다고 믿는다.

이것은 '창조적 파괴'라는 경영학적 용어를 넘어선 일종의 '자기 부정적 진화'다. 그는 자신이 만든 플랫폼이 낡은 지도가 되기 전에 스스로 불태운다. 모델 S와 X를 단종시키고 그 자리에 옵티머스 로봇 라인을 까는 행위는, 과거의 영광을 숭배하지 않고 오직 미래의 효율만을 추종하는 그의 냉혹한 계산을 보여준다.

머스크에게 있어 성공이란 목적지가 아니라 다음 판으로 가기 위한 입장권일 뿐이다. 그는 입장권을 얻는 순간 뒤도 돌아보지 않고 다음 문으로 들어간다. 성공에 안주하는 것이야말로 가장 확실한 실패라는 사실을, 그는 자신의 가장 화려한 성취를 스스로 무너뜨림으로써 증명하고 있다.

이러한 머스크의 결정 방식은 시장의 예측 가능성을 완전히 파괴한다. 투자자들은 당장의 수익을 원하지만, 머스크는 당장의 수익이 미래의 기회비용을 갉아먹는 것을 견디지 못한다. 그는 수익성을 담보로 시간을 사는 게 아니라, 수익성을 태워 속도를 산다. 모델 2라는 확실한 수익원을 포기하고 로보택시라는 불확실한 도박을 택한 것은, 그가 단순한 장사꾼이 아니라 문명의 패러다임을 설계하는 기획자이기 때문이다.

그는 제품이 아니라 '지능의 전이'를 본다. 자동차를 만드는 기술이 로봇을 만드는 기술로 치환될 수 있다면, 그는 기꺼이 자동차라는 껍데기를 버린다. 하드웨어는 지능을 담는 그릇일 뿐이며, 그릇이 낡으면 언제든 깨뜨려야 한다고 생각한다. 그의 시선은 항상 제품 너머의 본질적인 기술적 귀결을 향해 있다. 그에게 자동차 제조는 로봇 지능을 완성하기 위한 거대한 데이터 수집 과정이었을 뿐이다.

과거의 성공을 폐기하는 결단은 조직에 엄청난 스트레스를 주지만, 동시에 테슬라를 영원히 늙지 않는 기업으로 만든다. 레거시(Legacy)가 쌓일 틈을 주지 않기 때문이다. 그는 성공의 경험이 교만이 되고, 그 교만이 관료주의를 낳는 과정을 누구보다 경계한다. 그래서 일부러 위기를 조장하고, 성공한 라인을 뜯어내며 직원들을 다시 야생으로 내몬다.

로봇과 AI로의 전격적인 전환은 테슬라의 제2의 창업이나 다름없다. 그는 자동차 제조사로서 받을 수 있는 밸류에

이션의 한계를 스스로 깨부수고, 테슬라를 AI 로보틱스라는 완전히 새로운 체급으로 강제 이동시켰다. 이 과정에서 발생하는 단기적 주가 폭락이나 비난은 그에게 고려 대상이 아니다. 그는 10년 뒤의 지형도에서 테슬라가 어디에 서 있을지만을 계산한다.

머스크는 "나는 누구인가"라는 질문에 답을 고정하지 않는다. 그는 한때 페이팔의 창업자였고, 로켓 전문가였으며, 자동차 제조사 사장이었다. 하지만 지금 그는 AI 아키텍트이자 로봇 군단의 지휘관으로 자신을 재정의한다. 과거의 자신을 죽여야만 미래의 자신으로 태어날 수 있다는 진화론적 결단이 그의 모든 기행 뒤에 숨겨진 정답이다.

문명은 정체되는 순간 쇠퇴하며, 기업도 성공을 수호하는 순간 죽기 시작한다. 그는 죽지 않기 위해 끊임없이 자신을 파괴한다. 자신의 가장 화려한 성취를 스스로 무너뜨릴 수 있는 용기야말로, 그가 우주와 지구를 동시에 흔들 수 있는 진짜 이유다.

머스크는 앞으로 또 어떤 '미친 결정'을 하게 될까?

이 책의 마지막에 와서야 분명해지는 사실이 하나 있다. 머스크의 결정들은 과거형이 아니라 현재진행형이라는 점이다. 여기 적힌 50개의 선택 중 상당수는 아직 끝나지 않았다. 성공으로 정리된 것도 있고, 여전히 논란 속에 있는 것도 있으며, 몇 개는 실패로 남을 가능성도 있다.

그럼에도 이 결정들이 의미를 갖는 이유는 따로 있다. 결과가 아니라 기준이 이미 이동했기 때문이다. 전기차는 자동차 산업의 주변부가 아니게 되었고, 민간 우주는 실험이 아닌 계약의 영역으로 들어왔다. 통신은 기지국이 아니라 궤도를 기준으로 다시 설계되고 있고, 자동차는 이동 수단이 아니라 로봇과 연산의 집합으로 재정의되고 있다. 이 변화들은 완성된 미래가 아니라 이미 되돌릴 수 없는 방향이다.

머스크는 언제나 그 경계선 위에서 결정을 밀어 넣었다. 아직 불완전하고, 설명이 부족하고, 욕을 먹는 지점. 대부분의 기업이 "조금 더 지켜보자"고 말할 때, 그는 "이미 늦었다"고 판단했다. 그래서 그의 결정은 늘 무모해 보였지만, 시간이 지나면 결국 표준이자 기준이 되었다.

앞으로의 결정도 다르지 않을 것이다. 시장은 그의 결정에 대해 과하다고 말할 것이고, 위험하다고 경고할 것이다. 하지만 중요한 질문은 그가 무엇을 선택하느냐가 아니다. 우리가 어느 순간부터 그 선택을 전제로 움직이게 되느냐다.

머스크의 다음 결정은 아직 쓰이지 않았다. 다만 한 가지는 분명하다. 그 결정이 다시 한 번 '미친 선택'처럼 보일 때, 우리는 또 뒤늦게 깨닫게 될 것이다. 이미 그 선택이 만들어낸 구조 안에 들어와 있었다는 사실을.

그래서 이 책은 예측을 하지 않는다. 머스크의 다음 선택이 무엇일지 맞히려 들지도 않는다. 대신 이미 반복되어온 결정의 방식, 속도, 구조만을 남긴다. 그가 무엇을 선택했는지가 아니라 어떤 순간에, 어떤 기준으로, 어떤 퇴로를 지우며 선택했는지를 따라왔기 때문이다.

머스크의 그러한 결정 기준이 여전히 유효한 한, 그의 다음 결정은 놀랍지 않을 것이다. 다만 또 한 번, 처음에는 미친 선택처럼 보일 뿐이다.

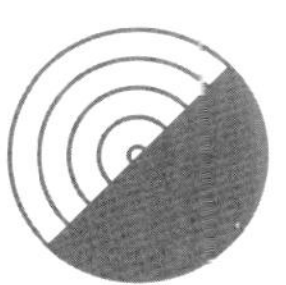

★ 메이트북스는 독자의 꿈을 사랑합니다.

인류 문명의 판도를 바꾸는 머스크의 서늘한 50가지 예측

일론 머스크의 소름 돋는 미래 예측 50가지

최경수 지음 | 값 17,000원

머스크의 발언과 전망을 한데 모아, 다가올 변화의 뼈대를 보여주는 50개 핵심 시나리오를 엄선했다. 사고와 개념이 확장되는 흐름을 따라 5개의 장으로 구성했으며, 머스크 사고 체계의 정수를 함께 정리했다. 책을 통해 서로 달라 보이는 기술들이 어떤 하나의 시나리오로 수렴하는지 비교하며 이해할 수 있다.

탈달러화 시도는 왜 실패하는가?

달러 종말의 허구

곽수종 지음 | 값 19,500원

세계질서의 변화에 대해 많은 전문가들은 미국 달러가 과연 기축통화로서의 지위를 유지할 수 있는지 의문을 품고 있다. 이 책은 달러 문제를 좁은 금융 관점이 아니라 문명사적 시야로 풀어내고, 미국 패권 붕괴의 가능성을 국가 존립과 직결된 문제로 확장한다. 달러의 흥망에 대한 통찰을 통해 우리는 새로운 시대의 생존 조건을 확인할 수 있다.

위기의 신호와 생존의 길

절대위기 주식회사 대한민국

이현훈 지음 | 값 21,000원

한국경제는 현재 성장 정체와 심각한 위기상황에 직면해 있다. 세계적으로 역사상 가장 빠른 속도의 변혁을 마주하고 있으며 트럼프 2.0 시대가 이끄는 관세전쟁까지 겹친 상황이다. 저자는 이 책을 통해 한국경제가 심각한 상황에 놓인 사실을 공표하고 경제를 다시 일으킬 방법을 알린다. 한국 경제의 현 위치를 파악하고 대안을 찾고 싶다면 이 책을 통해 해답을 얻을 수 있을 것이다.

트럼프 2기 시대의 세계경제 질서

트럼프 2.0 시대, 글로벌 패권전쟁의 미래

이철환 지음 | 값 19,800원

경제 대국인 미국과 중국 간의 패권다툼은 전 세계 경제를 위협하고 있다. 대외 의존도가 높은 우리 경제는 소용돌이치는 국제질서 속에서 더욱 어려운 상황에 놓이게 되었다. 글로벌 패권전쟁의 모습을 포괄적으로 알기 쉽게 정리한 이 책을 통해 우리의 현재 위치를 파악하고 나아가야 할 방향에 대한 통찰을 얻을 수 있을 것이다.

■ 독자 여러분의 소중한 원고를 기다립니다

메이트북스는 독자 여러분의 소중한 원고를 기다리고 있습니다. 집필을 끝냈거나 집필중인 원고가 있으신 분은 khg0109@hanmail.net으로 원고의 간단한 기획의도와 개요, 연락처 등과 함께 보내주시면 최대한 빨리 검토한 후에 연락드리겠습니다. 머뭇거리지 마시고 언제라도 메이트북스의 문을 두드리시면 반갑게 맞이하겠습니다.

■ 메이트북스 SNS는 보물창고입니다

메이트북스 홈페이지 matebooks.co.kr

홈페이지에 회원가입을 하시면 신속한 도서정보 및 출간도서에는 없는 미공개 원고를 보실 수 있습니다.

메이트북스 유튜브 bit.ly/2qXrcUb

활발하게 업로드되는 저자의 인터뷰, 책 소개 동영상을 통해 책에서는 접할 수 없었던 입체적인 정보들을 경험하실 수 있습니다.

메이트북스 블로그 blog.naver.com/1n1media

1분 전문가 칼럼, 화제의 책, 화제의 동영상 등 독자 여러분을 위해 다양한 콘텐츠를 매일 올리고 있습니다.

네이버TV naver.me/5liH6LAS

업로드되는 신간 책 소개를, 관련 이미지들과 함께 임팩트 있는 쇼츠 영상으로 확인할 수 있습니다.

STEP 1. 사용중이신 스마트폰의 카메라 앱을 실행해주세요. STEP 2. 카메라 렌즈를 통해 각 QR코드를 스캔하시면 됩니다.
STEP 3. 팝업창을 누르시면 메이트북스의 SNS가 나옵니다.